# 大学生择业管理的
# 理论与实践模式探讨

程　鹤　胡　威　刘淑仪 ◎ 著

吉林出版集团股份有限公司

图书在版编目（CIP）数据

大学生择业管理的理论与实践模式探讨 / 程鹤，胡
威，刘淑仪著． — 长春 ：吉林出版集团股份有限公司，
2021.9
    ISBN 978-7-5731-0445-8

    Ⅰ．①大… Ⅱ．①程… ②胡… ③刘… Ⅲ．①大学生
—职业选择—研究 Ⅳ．① G647.38

    中国版本图书馆 CIP 数据核字（2021）第 192283 号

## 大学生择业管理的理论与实践模式探讨

| | |
|---|---|
| 著　　者 | 程　鹤　胡　威　刘淑仪 |
| 责任编辑 | 滕　林　刘诗宇 |
| 封面设计 | 林　吉 |
| 开　　本 | 787mm×1092mm　　1/16 |
| 字　　数 | 200 千 |
| 印　　张 | 9.25 |
| 版　　次 | 2021 年 10 月第 1 版 |
| 印　　次 | 2021 年 10 月第 1 次印刷 |
| 出版发行 | 吉林出版集团股份有限公司 |
| 电　　话 | 总编办：010-63109269 |
| | 发行部：010-63109269 |
| 印　　刷 | 北京宝莲鸿图科技有限公司 |

ISBN 978-7-5731-0445-8　　　　　　　　　　定价：79.00 元

# 前　言

　　当前，社会的就业压力大，大学生就业压力也日益激增。为了解决这一问题，高校要开展课程指导，配合学校实行可持续发展战略，让我国经济更加平稳地发展。然而，在实际的工作中，就业指导的方式存在很多缺点，这需要教师不断优化。随着社会的进步，越来越多的人走入大学，大学生数量不断上升，大学生的就业压力加重。学生进入大学学习是为了找一份好工作，一份好的工作对学生的未来发展会产生重要影响，甚至会对社会的发展产生重要影响。为了能让大学生毕业找到好工作，本书主要研究大学生目前的就业状况，根据就业现状提出就业指导方法，让学生为未来的就业做好充足的准备。

　　大学生在毕业后能否实现顺利就业，是国家与学校始终关注的重要议题。基于个人角度而言，顺利就业关乎着学生个体的生存和发展。基于家庭角度而言，顺利就业与家长十几年的投资与心血能够获得回报息息相关。基于学校角度来看，学生顺利就业与学校办学质量、水平及效益呈现正相关，亦是学校社会认同度的充分反映，与学校发展前途和命运密切相关。基于国家与社会角度来说，顺利就业关乎能否落实经济社会可持续、健康发展，以及社会格局能否始终保持稳定。

　　近些年，因为国内高等院校毕业生人数迅速增加，加之社会岗位有限，大学生就业难现已成为客观事实。针对这一新问题和新状况，大学生就业指导工作作为毕业生实现顺利就业的关键条件，该工作如何有效实施与开展，便成为当前极具紧迫性与重要性的现实问题。

　　综上所述，社会经济发展需要高质量和高素质人才支撑，而培养高质量和高素质人才正是我国高等院校的主要办学目标。创新大学生就业指导工作，转变大学生就业指导工作理念、完善大学生就业指导工作内容，不仅有助于高校可持续发展，还可推动社会经济不断增长。

# 目　录

# 第一章  大学生就业教育的理论研究

## 第一节  当代大学生就业教育发展

本节以当代大学生就业教育面临的现状为切入点，论述高校应届毕业生就业存在的主要问题。在此基础上重点探讨大学生就业教育的发展方向，针对现存问题提出有效的解决方案，目的在于帮助指导大学生解决就业困难的问题，通过科学教育来增强学生的心理承受能力。

### 一、当代大学生就业教育面临的现状

#### （一）学生心理承受能力差，思想天真

大学生对社会了解不够深刻，长时间在家长与老师的保护下极少受挫折，而就业是一个激烈的竞争过程，当代大学生存在自我定位过高的现象，在就业过程中需要正视自己的能力，心理很容易受到挫折。大学生心理承受能力较差是影响就业教育开展的主要原因，并且思想天真，对求职就业定位过于理想化，导致真正进入就业阶段受到任何挫折都会退缩。教师开展教育计划首先要解决这一问题，学生如果不能正视自己的能力与职业现状，求职就业过程中必然会不断失败，这其中的挫败感会导致一部分学生自我放弃，高校所开展的就业教育正是为了帮助避免类似问题出现。

#### （二）基层就业意识差，个人定位过高

高校应届毕业生眼高手低是普遍现象，缺乏社会实践经验，又不甘心从基层做起，导致就业阶段屡屡受挫，很难找到适合自己的工作。面对这一问题原有的就业教育理论体系已经不适合，大学生对个人定位过高，错误估计自己的能力，就业课程学习中更是态度不积极，将自己的职业生涯幻想得过于美好。这些错误的自我评估信息会影响学生的求职就业定位，就业教育不仅在理论层面上要达到这一标准，更应该从多个角度进行研究，引导学生正确认识社会各个工作岗位，这样进入求职就业阶段才能更精准地实现专业与岗位之间的对接。

### （三）自我约束意识差，诚信度低

高校学生认为自主择业完全是根据自己的兴趣喜好进行，一旦对岗位失去兴趣便会离职。无论从事任何岗位都需要经验积累，用人单位会对新入职的工作人员进行培训，熟练掌握后才能独立工作，在岗位上业绩突出会有继续升职的可能。而应届毕业生在岗位上可靠程度较低，通常用人单位培养成手后会出现跳槽现象，这种责任意识淡薄的特征导致很多用人单位不习惯雇佣应届毕业生，这也是造成当代大学生就业困难的主要因素之一。

面对种种困难与社会经历的人才竞争环境，高校就业教育工作人员要认清现状，努力提升个人能力，为学生营造出更高效的专业技能提升环境，提升高校毕业生就业率。

## 二、大学生就业教育的主要发展方向

### （一）向正确价值观树立层面发展

教育人员会在就业课程中培养学生的责任意识，使之能够正确认识各个行业，鼓励学生就业中从基层岗位做起积累经验，能力提升后在职场的竞争能力也会有明显提升。在教学内容安排上也会逐渐增大实践内容比例，使学生在学习中能够正确认识自我能力，未来就业环节中所遇到的挫折也能勇敢面对，快速提升个人能力实现职业发展计划。价值观的树立与时代发展紧密结合，学生日常学习中所遇到的问题均能得到教师引导解决，师生共同努力下营造出一个健康的心理成长环境，学生在健康的环境下学习专业技能，其可应用性会有明显提升，这一点符合社会对高素质人员的需求标准。

### （二）向心理辅导教育层面发展

就业教育开展过程中教师会针对学生思想健康程度做出一个评估调查，深入了解学生的心理变化，这样在学习中能够尊重学生的个体差异性，帮助学生挖掘自己的长处并正确认识缺点。在校学习期间学生也有了明确的努力方向，引入真实案例使学生了解到就业过程的残酷性，这样遇到问题后更有心理准备，避免学生受到挫折引发心理问题。心理辅导需要持续进行，对学生不同学习、实习时期可能会遇到的问题进行预先了解，制定出预防措施，必要时对学生进行心理干预，使其顺利渡过就业阶段。

### （三）向敬业责任意识培养层面发展

各行各业的发展都需要高素质人才的支持，敬业素质是衡量人才水平的参照因素之一。高校所开展的大学生就业教育，会重点向这一层面进行，培养学生的岗位责任意识与敬业精神。无论是基层岗位还是管理岗位，爱岗敬业都是提升个人能力水平的有效方法，日常教学中培养学生的这一精神，才能改变应届毕业生在用人单位方面的消极印象，毕业生的职业选择方向也更开阔。

综上所述，还应该从大一开始密切关注就业形势政策变化，清楚自己处在什么样的位置。根据就业形势和自我需要及时调整自己的就业观和职业目标，确保就业目标不能太低，也不能太高，能够踮起脚尖够得着。熟练掌握专业知识，切实有效地提高自身的专业素养，注重在学习和实践的过程中不断总结与提高自身的能力和综合素质。树立国家需要与个人发展相结合的就业观，树立自主创业和终身学习的观念，为社会发展贡献更大的力量，从而实现个人价值。

# 第二节　大学生就业教育改革与实践

本节将阐述大学生就业教育的内涵和特点，从三个方面论述大学生就业教育的意义。认为大学生就业教育改革是党和国家实施民生工程的客观要求，是应对大学生就业及其教育现存问题和提高就业率、就业质量的需要。以重庆工程学院为例，介绍进行大学生就业教育改革实验的思路和实施举措。

## 一、大学生就业教育及其改革意义

### （一）大学生就业教育的内涵及特点

所谓就业，就是劳动者同生产资料相结合，从事有益于社会并以此获取报酬的劳动。大学生就业教育，是指以培养大学生职业素质和就业力，促进其顺利就业为目标，以大学生自身特点、意愿和社会职业的需要为依据，有组织有计划地指导大学生规划职业生涯、提升职业能力、正确择业就业创业、在职业中求进步求发展的教育实践和服务活动。大学生就业教育具有三个特点：

第一，教育对象的层次高、专业性强。大学生就业教育的对象是正在接受高等教育的专科生、本科生、硕士生和博士生，较之其他就业教育对象学历层次要高些，就业教育具有较高的要求。在校大学生大都在进行一个或者两个专业（专业方向）的学习，就业教育必须结合其所学专业进行。

第二，教育要求的强制性和全程性。教育部办公厅印发的《大学生职业发展与就业指导课程教学要求》明确指出："从 2008 年起提倡所有普通高校开设职业发展与就业指导课程，并作为公共课纳入教学计划，贯穿学生从入学到毕业的整个培养过程。"要求将就业指导纳入教学计划作为公共必修课贯穿大学全过程，实行学分制，学习成绩作为毕业的必要条件，这与社会其他人群的就业指导相比，强制性、全程性显而易见。

第三，教育内容的全面性和阶段性。大学生就业教育的内容非常丰富：一是涵盖就业意识、择业观、从业观、职业道德等思想道德教育；二是职业生涯的规划指导；三是获取就业机会、保持工作和做好工作的就业力培养；四是就业形势政策和法规的认知。这些内容在大学一般分为四个阶段进行教育：第一阶段（大学 1 ~ 2 学期）重点进行专业教育和职业生涯规划，强化职业意识，帮助大学生完成从基础教育向职业教育转变。第二阶段

（3～6学期）重点进行提升就业力的教育。第三阶段择业、就业和创业准备。第四阶段重点进行就业形势、政策法规教育和推销自我实战能力的培养与训练。

### （二）大学生就业教育改革的意义

大学生就业教育改革就是要对旧的大学生就业教育中不合理的部分进行改良和革新，其意义主要体现在以下三个方面：

第一，大学生就业教育改革是党和国家实施民生工程的客观要求。大学生就业牵动着千家万户。党的十七大报告指出：就业是民生之本，做好高校毕业生的就业工作是"加快推进以改善民生为重点的社会建设的具体体现，是构建社会主义和谐社会的重要内容，是建设人力资源强国和建设创新型国家的必然要求"。国务院办公厅先后两次下发了《关于加强普通高等学校毕业生就业工作的通知》，为做好大学生就业工作出台了一系列政策。教育部办公厅印发的《大学生职业发展与就业指导课程教学要求》明确提出："改进教学内容和方法。教学内容应力求实践性、科学性和系统性，突出强调理论联系实际，切实增强针对性，注重实效。要在遵循课程体系和课堂教学规律的前提下，引入多种教学方法，有效激发学生学习的主动性和参与性，提高教学效果。"这为大学生就业教育改革指明了方向，加强和改进大学生就业教育是做好大学生就业工作的重要环节。

第二，大学生就业教育改革是解决大学生就业及其教育现存问题的需要。大学生就业面临两个问题：一是大学生就业形势十分严峻。2001年我国高校教育规模跃居世界第一，普通高等教育在学人数位居世界第一。大学生就业进入高峰期，毕业生人数从2001年的114万人增加到2014年的727万人，而我国实行的是高增长低就业模式，GDP每增长1个百分点就业只增长0.12%个百分点。以经济增长7%计算，每年新增加的工作岗位只有800万个，农村还有1.5亿富余劳动力需要就业，就业市场供大于求。同时，高校专业设置与社会需求不匹配的结构性矛盾突出，导致有些毕业生找不到工作，而有的单位又找不到所需要的毕业生。由于就业教育的问题导致大学生职业规划欠缺，择业观念和能力素质不适应社会需求，因此出现就业难问题。二是大学生就业教育缺乏科学性和有效性。就业教育内容不系统，针对性不强；就业教育形式单一，吸引力不够；就业教育师资数量少，专业化程度低，教育质量不高。要解决上述问题，迫切需要加强和改进大学生就业教育。

第三，大学生就业教育改革是提高就业率和就业质量的需要。大学生就业率和就业质量与大学生就业教育改革相关。其相关性体现在三个方面：一是提高大学生就业教育内容的针对性和系统性，有利于学生的成长成才。首先，要引导学生科学规划职业生涯，帮助他们正确审视自我和社会需求，坚持择世所需、择己所长、择己所爱、择己所利的原则进行职业定向、定位和定点，并根据学业和职业目标制订实施策略，有利于激发其学习内动力，提高学习效益。其次，对学生进行提升职业能力的指导，有利于构建与职业目标相匹配的智能结构，适应未来职业的需要。最后，对学生进行择业就业指导，帮助他们树立正确的人生观、价值观、择业观和从业观，正确认识就业形势政策和法规，掌握推销自我的方法和技巧，有利于学生顺利就业。同时，对学生进行创业指导，帮助他们进行创业准备和实践，有利于以创业带动就业。二是改进大学生就业教育形式，寓理于事，寓教于乐，就会收到事半功倍的效果。三是加强就业教育师资队伍建设，建设一支专业化高素质的职业指导队伍，对于提高就业教育的质量，培养受社会欢迎的大学生具有积极意义。

## 二、大学生就业教育改革的思路

### （一）就业教育改革的指导思想

大学生就业教育改革要以社会主义核心价值体系和教育部办公厅印发的《大学生职业发展与就业指导课程教学要求》为指导，以解决大学生就业教育内容缺乏针对性和系统性、教育形式缺乏多样性和生动性、教育保障缺乏力度，教育质量缺乏高度为突破口，创新教育教学模式和运行机制，努力实现理论教学精品化、实践教学多样化、教学手段现代化、理论实践一体化，明显改善大学生就业教育的现状，把大学生就业指导建设成学生真心喜欢、终身受益、毕生难忘的课程。

### （二）就业教育改革的原则

大学生就业教育改革要坚持七个原则：第一，坚持全程与阶段性指导相结合原则。大学生就业教育既要贯穿大学教育的全过程，又要根据不同年级学生的特点和需求制订和实施阶段性的就业教育计划。第二，理论与实践相结合原则。要把就业创业理论的传授和实践教学结合起来，形成理论与实践教育教学一体化。第三，知能结合原则。大学生就业教育既要进行知识传授，又要进行专业技能和推销自我的能力训练。第四，共性与个性结合原则。大学生就业教育既要针对全体学生应知应会的共性问题安排教学内容，又要针对不同层次、不同职业倾向、不同需求的学生开展个性化的就业团体咨询和个体咨询。第五，网上与网下教育相结合原则。大学生就业教育既要开设网上课堂，让学生充分利用网上优质教学资源进行学习，又要开设网下课堂，师生面对面地进行互动式教学和开展活动。第六，学校与社会联动育人原则。大学生就业教育既要充分利用学校党政学团联动育人，还要充分利用企业家、职业指导名师、杰出校友的智慧和经验指导大学生就业创业。第七，知行合一的考核原则。就业教育课程不仅要考核理论学习情况，还要考核实际行为表现。

## 三、大学生就业教育改革的实施举措

课题组在重庆工程学院进行了实验研究，对大学生就业教育采取了三个方面的改革举措。

### （一）实施板块化、四位一体的教学模式

第一，教学内容的板块化。所谓板块化，是指将大学生就业教育内容分解成几个专题安排在大学的不同年级进行。大一重点进行职业生涯规划指导，大二重点进行提升职业素

养指导，大三重点进行择业和创业指导，大四重点进行就业和职场适应指导。本科四个年级，一个年级安排一个重点内容。专科将四个专题安排在 6 个学期进行，第 1 学期进行职业生涯规划，第 2、3 学期进行职业素养指导，第 4 学期进行择业创业指导；第 5、6 学期进行就业与职业适应指导。在面向全体学生进行自主创业和岗位创业的基础知识教育的同时，专门为有自主创业意向的学生开设创业实践选修课。

第二，教学形式方法的四位一体。所谓四位一体，是指采取讲授、活动、咨询、自主学习四种方式开展大学生就业教育教学。一是讲授。实行了专题化、专家化和慕课化。我们录制了全国著名专家的就业教育专题讲座，以慕课方式进行教学。实行翻转课堂，先组织学生聆听高水平专家讲座，然后由校内就业指导教师对学生进行互动教学，这种方式深受学生欢迎。二是活动。结合教学模块内容开展相应的职业规划大赛、专业技能大赛、礼仪形象表演赛、推销自我演讲比赛、创业大赛等学生喜闻乐见的活动。三是咨询。学校成立了职业指导咨询室和心理咨询室，由职业指导师和心理咨询师对学生进行专业性的咨询。各宿舍建立了快乐聊吧，由校、院党政领导和辅导员安排每天晚上在聊吧值班，对学生开展发展性职业和心理咨询或者与学生聊天了解学生情况。四是自主学习。我们给每个学生购买了"锦成职前教育平台"学习卡，要求学生在平台上自主学习。

### （二）构建大学生就业教育三级运行体系

第一，校级组织机构及其职责。一是建立就业与创业教育教研部（挂靠学工部）。负责"职业指导"和"创业基础"必修课和"创业实践"选修课程建设，包括课标制定、教材编写、教学研究和改革、教师培训、教学督导和校级活动开展等。二是建立大学生就业指导中心（挂靠就业处）。负责就业基地和大学生创业孵化基地建设、召开就业招聘会和收集发布就业信息等就业服务以及毕业生跟踪调查等工作。三是建立校级学生助教团，选聘优秀学生担任就业教育助教，协助教师开展就业教育和评教工作。

第二，院级组织机构及其职责。一是建立就业与创业教研室，由党总支书记任主任。负责"职业指导"和"创业基础"必修课和"创业实践"选修课的排课、教学研究，根据本院学生特点和需求制订授课计划、开展就业教育活动。二是组建院级助教团队，协助教师开展就业教育。

第三，班级建立助课小组。协助教师开展适合本班学生特点和需求的就业教育活动，及收集教学资料和进行教学考核方面的事务性工作。

### （三）构建就业教育考核体系和激励机制

第一，大学生就业教育考核体系。按照知行合一的原则构建大学生就业教育考核体系。考核内容由认知考核、行为考核和获奖加分三个指标构成。认知考核的主观题在网上提供作业，客观题采取机考方式进行；行为考核以课考方式进行，由任课教师根据学生参加就业教育教学活动的表现评定成绩；获奖加分以学生参加各级相关竞赛的获奖加分。认知与行为考核的权重比为 6 ：4。

第二，大学生就业教育激励机制。一是对学生实行学分激励。必修课"职业指导"2学分、"创业基础"1学分，选修课"创业实践"1学分。修完课程考核合格就可以得到相应的学分，必修课不合格就不能毕业。二是对学生助教实行学分和精神物质表彰相结合的激励方式。担任一年学生助教考核合格作为社会实践中实践学习1个学分，同时还要评优秀助教，给予精神物质奖励。三是对就业教育任课教师根据同行评教和学生评教的情况，成绩优秀者可评优秀教师，给予物质奖励，成绩低劣者取消任课资格。四是二级学院根据学生对教学满意度、就业率、高质量就业率分四等进行评定，一、二、三、四等年终奖的系数分别为 1.2、1.0、0.8 和 0.6。

# 第三节　大学生就业教育的人文审视

"就业难"是我国大学毕业生及社会面临的重大课题。原因在于：一是结构性就业矛盾突出。在我国高等教育大众化的背景下，一方面，高校办学规模和招生人数不断增长，毕业生数量庞大，相对于人才市场的需求而言，人才供给数量大，且呈现增长趋势；另一方面，经济结构转型升级，市场人才需求结构发生变化，而高校专业调整则需要一个较长的时间过程。综合以上两个方面的原因，导致人才供给与需求的矛盾。二是部分大学生的综合素质和就业能力还有一些突出的问题，制约了其就业质量和就业率。从这个角度上来讲，大学生就业教育是解决我国高校毕业生就业难的重要举措。但就业教育作为高等教育内容的重要组成部分，还应当承担"教育服务人"的责任。就业教育的人文性体现在服务人、重视人、尊重人、关心人、爱护人等方面，因此，从人文的视角审视大学生就业教育是"教育服务人"的重要体现。

## 一、大学生就业教育中的人文审视

### （一）人文素养是高等教育的必然选择

1. 具有责任意识和奉献精神的大学生是社会生产力的推动者

在社会动力系统中，具有主体地位的人是社会生产力的推动者，大学生是这个群体中的重要组成部分，他们经过大学教育后，进入社会成为社会先进生产力的代表，推动社会不断向前发展。责任意识和奉献精神是大学生为之奋斗的精神动力。很难想象，如果我们的高等教育培养了大批缺乏理想信念、缺乏奉献精神、贪图享乐、坐享其成的人，社会生产力的发展将带来什么样的困难。尤其是在当下，大学校园里"90后"大学生，经历了独生子女家庭教育、应试的学校教育、消费主义的社会文化教育等，人文素养水平参差不齐，责任意识和奉献精神不高，教育任务艰巨。

2. 具有爱国主义精神和民族精神的大学生是社会文化的传承者

中华文明形成了以爱国主义为核心的团结一致、爱好和平、勤劳勇敢、自强不息的民族精神，这是中华民族的精神财富，也是每一个中国人需要坚持并传承的。当代大学生思想活跃，精力旺盛，代表了先进生产力的发展方向，通过人文素养教育使大学生自觉践行社会主义核心价值观，自觉承担弘扬民族精神的重要任务。

3. 具有团队合作精神和协作意识的大学生是社会主义和谐社会的建设者

团结就是力量，合作就是能力。团结合作是人的生存方式、道德规范、品格修养。具有团结合作意识是现代人的重要素质。现代社会是一个高度复杂的有机体，现代化大生产和快节奏的社会生活需要人们高度的合作意识和团队精神。大学毕业生进入工作岗位后，不可避免地要和同事之间交流合作，互帮互学。这种团队合作与协作既是工作的需要，也是和谐社会建设的需要。

## （二）人文素养是就业教育的重要任务

1. 帮助大学生树立正确的就业价值观是就业教育的重要任务

职业价值观是一个人对职业的认识和态度以及他对职业目标的追求和向往，也是人生目标和人生态度在职业选择方面的具体表现，决定了一个人的职业目标和择业动机。由于个人的身心条件、年龄阅历、教育状况、家庭影响、兴趣爱好等方面的不同，因此，人们对各种职业有着不同的主观评价。如果一个人的职业价值观不正确，其在处理个人价值与社会价值、个人利益与集体利益、职业与金钱等关系问题上，可能会出现问题。基于此，帮助大学生树立正确的就业价值观应是就业教育所要承担的重要任务。

2. 培养大学生的职业精神是就业教育的根本目标

职业精神通过敬业、勤业、创业、立业等方面体现，反映了人们的职业活动方式及其对职业利益和义务的认识，一个人一旦从事特定的职业，就直接承担着一定的职业责任，并同他所从事的职业利益紧密地联系在一起，职业精神反映着从业者的精神涵养和情操，也间接决定着一个人的职业成就。从这个角度上来讲，职业精神是就业教育的高层次追求，并以此为根本目标。

在大学生"就业难"的背景下，高校对就业教育的重视越来越强烈，设立了大学生就业指导中心等专门的就业指导与教育机构，并开设了《大学生就业指导》《大学生职业生涯规划》等相关课程，这些工作对促进大学生就业起到了积极的作用。但从总体上看，存在的主要问题是重技能、轻人文素养。结果是大学生一次性就业率的数字大，但就业岗位与学生的职业期望不匹配，工作积极性不高，价值观和成就感挫败，影响了职业稳定性。主要表现在：第一，从教育理念上，技能性突出，人文性不强。近年来，教育部和有关教育主管部门非常重视大学生就业问题，为引起高校的足够重视，有些部门向社会公布各高校"一次性就业率"，甚至将"一次性就业率"作为对该高校评估的重要指标。在这个"指标"的驱动下，各高校纷纷通过就业教育提供给学生各种就业技能，也正是这个原因，就业教育中的技能性突出，并掩盖其人文性。表现为学生的职业价值观不符合社会发展的正方向，抱怨、哀叹，向社会传递负见解、负能量，甚至诋毁正能量、正见解。职业责任感不强，工作中自由散漫，得过且过，没有上进心，缺乏创新意识；缺乏吃亏耐力精神，这山望着那山高，挑肥拣瘦等。第二，从教育内容上，单调性突出，思想性不够。当前，我国高校开设的就业教育内容多是包含职业资格证书辅导、面试及求职技巧、就业政策解读等零星的单调教育内容，缺乏对突出人文素养教育的教育内容体系的规划与研究，没有形成系统的教育内容，思想性不强。缺乏对学生职业价值观的引导，无法回答学生在求职与择业中的各种困惑，无法处理理想与现实的矛盾、职业前途与金钱的关系、职业道德与个人利益之间的矛盾等，没有及时关注学生求职因盲目、没有方向而带给自己的矛盾心理等。第三，从教育过程上，短期性突出，全程性不彻底。在大学四年制高校中，部分高校只在大四开设就业教育课程与指导，在大学三年制的高职院校就业教育多开设在大学二年级下学期或者三年级上学期。这种教育过程的短期性对人文素养教育的效果不明显，而重要的是，在毕业前夕，大学生的价值观、职业观、综合素质等已经基本形成，短时间内让他们做出改变也很难。当前，大家公认地将就业教育贯彻在大学生在校期间的全过程，这个"全程性"在部分高校没有得到贯彻。第四，从教育形式上，专门性突出，渗透性不足。尽管高校对就业教育已经有了很全面的认识，但仍然存在就业教育是大学生就业指导中心的业务，与专业教师没有关系的思想，仍然存在只在"大学生就业指导"等专门化的课程中承担就业教育任务，与学生所学专业的专业教育没有关系等各种错误的认识，致使就业教育没有很好地渗透在大学生专业教育中，也没有渗透在高校通识课程中。

## 二、对策研究

### （一）突出就业教育的人文性内容

#### 1. 端正的人生价值

人生价值是一个人价值观的重要体现，包含自我价值和社会价值，在就业教育中帮助学生树立正确的人生价值。一是自我价值的实现是与企业、社会密不可分的，以职业生涯为载体，并建立在此基础之上。如果人不能融入企业、融入社会，就实现不了自身的价值。根据多劳多得的分配原则，大学生要想实现自我价值，就必须全神贯注地体验属于自己的工作，为岗位工作付出辛苦的劳动，只有懂得这些，才会懂得奉献，才会懂得什么是价值。二是社会价值的实现与自我价值的实现不矛盾，二者在很多时候属于同一个过程。在实现自我价值的同时，不可避免地为社会做了贡献，自然就实现了一个人的社会价值。三是人生价值决定职业价值观。职业价值观是人生价值观在职业生涯中的体现，当一个大学生拥有积极向上的人生价值观时，他看问题的角度是适宜的，方向是正确的，思想和行动是代表正能量的，反映在职业中就是认真负责的职业态度、兢兢业业的职业精神、吃苦耐劳的奉献精神等。

2. 积极向上的职业态度

职业精神是一个人在职业中表现出的观念和态度。一个人的职业态度，对其职业选择的行为有所影响，观念正确、心态健全的人，对职业的选择较积极、慎重，做出正确选择的机会较大；相反，观念不正确、心态不健全的人，对职业的选择具有推诿搪塞、轻忽草率及宿命论的倾向。因此，正确的职业态度的养成乃是就业教育不容忽视的内容。一是职业教育帮助大学生认识自己，了解个人的智力、兴趣、态度和缺陷；二是就业教育帮助大学生了解未来的职业，端正工作中所需的态度；三是帮助大学生了解个人与职业的关系，找出个人能力和职业需要的差距，促进自我进步与发展。

3. 坚持不懈的创新精神

创新精神是一个国家和民族发展的不竭动力，也是一个现代人应该具备的素质。在大学生就业教育中，要注重培养学生的创新精神。例如，因不满足已有认识 ( 掌握的事实、建立的理论、总结的方法 )，不断追求新知；因不满足现有的生活生产方式、方法、工具、材料、物品，而根据实际需要或新的情况，不断进行改革和革新；因不墨守成规 ( 规则、方法、理论、说法、习惯 )，敢于打破原有框框，探索新的规律、新的方法等。

4. 全面发展的自由精神

大学生要通过就业满足自己的个性发展和兴趣爱好，实现全面自由的发展，而不是因为要找到工作，隐瞒自己的意愿，压抑自己的个性，在就业教育中要培养学生的自由精神。学生精神上的自由与职业状况密切相关，当学生在职业生活中获得满足感、成就感时，学生的精神是自由的，情绪是平稳的，工作积极性和上进心就好；反之，如何一个人在职业中被压抑了个性，没有满足感和成就感，其精神不自由，职业中会消极应付、得过且过。

5. 就业教育要体现人文关怀内容

在就业教育中体现人文关怀的内容是由以人为本和主体性原则决定的。一方面，就业教育要突出教育为了人、服务人的根本目标，大学生在校期间对未来的职业一片茫然，对自己的处境不清楚，也无法摆正自己的位置，这种无所适从的不安全感，要通过就业教育得到解决；另一方面，大学生无疑是就业教育的主体，其是否合理地表达自己的情感、需求，是否积极配合教育活动，是就业教育实效性的重要保障，只有在教育中体现人文关怀，才能激发大学生参与的积极性。

## （二）突出就业教育全程性过程

就业教育要贯彻在大学生在校期间的每个阶段、全部过程，实现教育的全程化。原因在于，就业教育中对大学生人文素养的培养是促使大学生思想和精神改变与提升的过程。这不是一朝一夕就能完成的，它需要一个长期的、慢慢培养的过程。

1. 就业教育要体现教育过程的连贯性

在大学生在校期间贯彻就业教育要坚持连贯性原则，体现在每个学期的每一个时间段，不能出现教育活动的间断。有的高校为了贯彻全程性，在大学一年级开始了几个就业教育讲座，在大学三年级开设了一场就业教育观摩会，在大学四年级开设了一门就业指导课程。从表面上，就业教育从大一开始到大四结束，但过程中有的学期，甚至学年是空白，这种间断性教育行为，不利于学生人文素养的培养，教育效果将大打折扣。

2. 就业教育也要体现教育过程的阶段性

阶段性是结合大学生在校期间不同阶段的任务和特点，开展相应的、适宜的就业教育。比如，大学一年级学生对职业不了解，重点培养学生的通识性素养，如责任感、奉献意识等。大学二年级学生对自己的职业开始有初步规划，要增强就业价值观的教育、人的自由发展的思想等。三年级、四年级学生分别处在就业准备期和就业实践期，要突出就业教育中职业责任感、人文关怀等内容。

### （三）突出就业教育的全方位形式

1. 就业教育与通识教育的融合

就业教育中的人文素养培养任务和通识教育的部分任务是一致的，要促进就业教育和通识教育的融合，借通识教育之力，提高就业教育质量。比如，学生的哲学素养在就业教育和通识教育中都是非常重要的内容。在就业教育中关于学生价值观、人生价值、职业观念和态度等，均是与一个人的哲学素养休戚相关的，如果大学生在通识教育中能很好地掌握唯物主义思想和辩证法思想，其看问题、想事情的思维模式是科学的，必然有利于其就业态度和就业观念的形成和培养。

2. 就业教育与专业教育的融合

专业教育和大学生将来要从事的职业密切相关，包含相应的专业能力、职业道德等人文内容，这些也是就业教育的重要任务。将就业教育与专业教育融合，便于专业教师将职业能力、职业素养及企业文化的内容传递给学生，有利于学生职业能力的提升。

3. 就业教育与社会实践活动的融合

社会实践既是检验学生人文素养的重要途径，也是提升学生综合素质的另外一种方式。社会实践活动在各大高校已经形成了相对稳定的开展模式，是高校的常规教育形式，将就业教育中的人文素养教育融合在学生的社会实践活动中，必将提升就业教育的针对性和实效性。比如，在很多高校都开设了大学生"三下乡"暑期生活实践活动，大学生走出校门，走向农村的基层组织，更能深刻体会社会的人文环境，体验人间冷暖，了解社会文化，增强贡献社会的责任意识和奉献意识。

# 第四节　大学生就业与教育异化

大学毕业生就业难是一个全社会关注的热点和难点问题。高等教育的质量和学生的就业观念存在的问题是大学毕业生就业难的最为主要的原因，其背后更深层次的原因在于教育异化。消解教育异化是从根本上解决大学生就业难问题长远的、根本的出路。

## 一、大学毕业生就业难，谁买单

目前，中国出现的毕业生就业难现象是一个深层次的社会问题，是世界上很多国家都要面对的问题。中国大学生就业难是内外因共同起作用的结果，首先是与社会大环境分不开的。中国正处于社会转型时期，整体的社会结构处于调整过程中，原有的第一产业的剩余劳动力向第二、三产业转化，这种产业结构的调整也带来了就业难题。随着城市化进程的加快，这种矛盾更加突出。一部分原本可以为大学毕业生预留的工作岗位，在这种形式下被第一、二产业调整过来的劳动力占据，客观上就增加了大学毕业生的就业难度，这是一个必经过程。中国的区域经济发展不平衡，使得中西部落后地区无法吸收更多的劳动力，也无法吸引高素质人才前去就业。加之中国的人才市场发展相对滞后，高校毕业生的合理流动受到一定的限制。这是客观上造成大学毕业生就业困难的原因，非本节探讨的问题。

大学毕业生就业难，高等教育的质量和学生的就业观念存在的问题是大学毕业生就业难最为主要的原因。高等教育的质量是与社会需要不可分割的，高等教育质量是指"高等教育所具有的，满足个人、群体、社会明显或隐含需求能力的特性的总和"，即高等教育能否满足社会的需要及其满足的程度，是评价高等教育质量高低的根本标准。以此标准来看，中国的高等教育在实现规模发展的同时，高等教育的质量令人担忧。党的十七大报告明确提出要"提高高等教育质量"，说明当前高等教育的声誉和公信力已受到社会质疑，可以说，中国高等教育在实现数量发展的同时，代价是质量的下降和声誉的降低，无论是本专科还是研究生教育阶段教育质量都不同程度地出现了问题。高等学校的本专科教育竟然延续了中小学应试教育的路子，一些高校以升学率定学校教育的质量高低，专科院校以升入本科人数、本科院校以考上研究生人数为标准。学生把主要精力用在了升学课程上，而本应掌握的专业知识和技术却无暇顾及。

一所高校的毕业生就业前景好坏与学校是否有特色是分不开的，学校是否有特色不是学校自己说了算，也不是政府说了算，而是用人单位和社会说了算，只有用人单位认可、社会认可，才是真有特色。就以对师范生来说是基本功的"三字一话"——钢笔字、粉笔字、毛笔字和普通话来说，有多少学生能够自信满满地说自己过关了？难怪招聘人员常会遇到这样的尴尬场面，一个师范毕业生试讲时紧张得说不出话来，潦草的粉笔字没写几个粉笔已断了几支。也许有人会说，总要给人时间给人锻炼的机会，可是一个已经接受了四年甚至更长时间的专业教育的大学生，又有多少用人单位愿意并容忍再给你更多的时间去验证你能否胜任现有的职位？难怪很多用人单位明确表示愿意要有工作经验的而不愿意要应届大学毕业生。从这个意义上说，目前大学毕业生面临的结构性失业正是由于大学的教育质量的制约引起的。

也有学者找寻就业难的原因落脚在大学生的就业观念上，认为大学毕业生的就业、从业观念与社会需求有偏差。盲目追求热门产业和跻身大城市就是大学毕业生从业观念偏差的一种表现。中国经济发展结构地区性的不平衡使得多数大学生希望留在沿海的大城市就业，而人才相对不足的西部、内地则难以受毕业生的青睐。只有不到3%的大学毕业生选择到欠发达地区或农村。在机关与企业的选择中，考公务员成为大学毕业生的热门选择。这种结构性的就业难问题会由于大学生的就业观念有偏差而会更加严重。

## 二、教育异化难辞其咎

"面对大学毕业生就业难我们应当忏悔。"为什么？因为无论是从高等教育质量还是大学生就业观念的偏颇，都可以归结为一点，教育异化。即从根本上来说，教育异化是当今大学生就业难的一个更深层次的原因。教育异化，简言之，教育失去了其本原的意义。教育的本原意义是帮助人计划他们自己的生活，使个人更充实、更有价值，生活更幸福，使人的生活创造更多的可能性。现代教育却背离了这一本原目的，它不仅没有解放人，使人获得更多的幸福，反而使人受到更多的压迫。

所以，在告诫大学生树立正确的就业观念时，最应该反思的是我们的教育。当前就业难的原因，是我们不愿意触及的也是难以解决的问题，那就是长期以来的教育异化。高等教育质量为何堪忧？大学生为何会有如此难以转变的就业观念？这与教育异化不无关系。人创造了知识，并从知识中获得自由和解放。然而，当今的教育，知识不但没有使人获得更多的自由和解放；相反，却成为制约学生发展的权威。当代教育异化的突出表现是教育的过分功利化，特别致力于解放人的物质欲望，实用与效率成为当代教育追求的理想。我们的教育者时刻不忘告诉学生上学读书就是为了求职，能在大城市有个"好工作"。求职没有错，求职也是教育的功能之一，但是如果把这一单一的功能当作教育的本质，就会使人陷入分裂状态，出现教育异化。结果是教育的反社会化，即一定时期学校教育对人才的培养的实际结果与一定社会需要达到的目标相背离。当前一个最大的现实就是，我们多年辛辛苦苦培养出来的大学毕业生却不能适应社会需求，更谈不上幸福地生活。这是教育的异化，也是教育的不幸，更是当代大学生的不幸。接受了十几年、二十几年的学校教育，却不能在社会中找到实现自己的人生价值之所在。

试问我们是否追问过这样的问题：自己的学生走上社会以后的生活幸福吗？我们给予学生的教育对其生命质量到底产生了怎样的影响？可以毫不客气地说，一个学校，如果没有这样地问过自己，就不是一个好学校，无论升学率或就业率有多高；一个老师，如果没有追问过这样的问题，就不是一个称职的老师，无论其资历有多深；一个家长如果没有考虑过这样的问题，就不是一个合格的家长。所以，大学毕业生就业难的问题虽在高等教育中表现出来，但问题不仅仅出在高等教育上，而是包括我们从一开始接受的所有教育。

国情告诉我们，要想日子过得更好些，从乡村进入城市、由农民身份变成城里人身份成为许多人的梦想与追求（不仅是居住地的变更）。几乎每一个从农村考出来的大学生都或多或少地受过父母这样的教育：只有考上大学才是唯一的出路！考上大学留在城市，找到个"好工作"，这与农民工进城打工居住在城市的那种"城里人"身份认同感是不同的。一种要坚决走出农村进入城市生活的欲望激励了多少农村孩子发奋学习，考上大学，步入城市来改变自己的命运。于是"知识改变命运"就演变成了"考学改变身份"。这时，我们的教育就义无反顾地承担起了把受教育者引进城市、引进"好职业"的角色。城市人同样会想方设法地保住自己的城市身份以求过更好的城市生活，途径就是考入更好的大学，留在更大的城市，从事更好的职业。因此，无论是在城市还是在乡村，教育都不同程度地出现了异化。

## 三、消解教育异化是根本出路

大学毕业生就业是其生存之本。大学生身上凝聚着巨大的人力资本是国家和社会的宝贵财富。如果越来越多的大学毕业生不能实现就业，不仅影响其自身的生存发展，也会影响社会的稳定与发展。不仅是人力资源的巨大浪费，也将打击家庭和社会对人力资本的投资热情，尤其是在广大农村地区及贫困家庭。消解教育异化是从根本上解决大学生就业难问题的长远的、根本的出路。

消解教育异化，离不开社会。但作为一名教师，笔者更愿意从教育领域找寻出路。首先，我们的教育要改变被动地去适应社会的思维方式，教育要敢于而且要善于超越我们这个现实社会，引导社会向有利于人全面发展的方向前进。"正像社会形式经常落后社会经济的现实一样，教育可能长时间地再现过去的社会状态；或者相反，教育也可能预示着某些新的社会状态并加速它的变化。"这表明，教育可以发挥其预见性、前瞻性的功能，培养创新型人才，推动社会发展。要求教育要具有超功利的特质，把教育价值取向定位在培养理想的"高素质人"上，兼顾个人、国家与社会的利益。高素质的人应该具有专业素养和人文素养，现代大学教育应该包括专业方面的教育和人文方面的教育。其次，大学教育要面向真实的生活世界。人所面临的世界是一个流变的、生生不息的社会生活世界，生活在一定社会中的人与社会进行交往、与他人进行交往，正是在这种交往中获得了人之为人的肯定。大学教育只有关注现实的社会生活和大学生的生活，关注大学生真实的、具体的、完整的生活，才能真正使学生与社会相融合，成长为社会所需求的人才，为就业铺就更宽广的道路。最后，面对教育异化问题，教师自然不能推卸责任，尤其是高等学校的教师。我们绝不能把一切责任归咎于家庭和社会。在重视教育的今天，"教育作为一种饱含对人的生存状态和生活方式以人文关怀的领域，本身就具有伦理意义。如果它不关心学生的存在和生活的意义以及生命的价值，还能有什么更值得去关心、去关注和关怀呢？"高校教师应当从自身反思，改造自己的思想和行为，以更多的精力关注大学生的生活，更好地培养出理想的毕业生。我们施教的对象是即将走上社会的大学生，他们处于先进文化的前沿、走在时代的前列，一方面愿意接受新鲜事物；另一方面生活视野、人生阅历有限，人生观、价值观不稳定等。在大学所接受的教育会直接影响他们的未来的做人、求知与求职。引领学生学会做人应是高校教师的不懈追求，在这种努力中，我们将得以更接近教育的本真目的，消解教育异化，为大学生就业做出贡献。

# 第五节　基于全程化的大学生就业教育

高校大学生"就业难"是一个长期的突出问题，尽管高校将大学生的就业教育放在突出的重要位置，但从目前来看，全程化的大学生就业教育体系远没有建立，教育效果有待提高。分析全程化大学生就业教育的内涵及意义，并从高校和学生两方面探析全程化大学生就业教育存在的问题，重点从就业教育的规范化管理、全程化的教育内容安排、全程并分阶段的教育过程、建立全程化的大学生就业教育服务咨询体系等四个方面研究了对策。

大学生就业教育是以实现大学生的高质量就业为目标，以提高大学生的职业能力和职业素养为根本任务的教育活动。全程化贯彻大学生就业教育是当前大学生就业教育的新理念、新做法，它将就业教育贯彻在大学生从入学到毕业的整个过程，覆盖从专业教育到通识教育的各个方面，最终服务于学生的健康成长和良好的职业发展。

## 一、全程化大学生就业教育的内涵及意义

### （一）大学生就业教育全程化的内涵

大学生就业教育全程化有两层含义：一是时间维度，将大学生就业教育全程贯彻在大学生在校期间；二是内容维度，将大学生就业教育覆盖大学生在校期间的全部课程。大学生就业教育全程化突出以下三个特点：

全程性，即全程贯彻在大学生在校期间，从大一新生入学教育开始，一直持续到毕业，并且根据大学生在校期间的不同阶段对就业的不同认识，开展相应的就业教育活动。以大学本科四年在校为例，有的高校将大学一年级定为就业探索期，将二年级定为就业规划期，三年级、四年级分别为就业准备期和就业实践期。四个阶段教学内容和教学形式不尽相同，但各阶段呈现从理论到实践、从知识到能力的递增关系，环环相扣，系统性和功能性突出。

全局性，即大学生就业教育不仅局限于就业指导课程等专门课程，还应该贯彻在专业教育、通识教育及大学生社团活动中。大学生就业教育的根本目的是培养大学生的就业能力，即获得工作和保持工作的能力。在校大学生的就业能力包括就业形势分析能力、择业能力、专业能力、人际交往能力、创新精神和学习能力等，这些能力的教育仅靠就业指导课程是无法完成的，覆盖高校教育的各方面、各内容、各形式的全局性教育是必要的。

时效性。一方面，时效性是指大学生就业教育要紧密结合大学生的身心发展和认识水平，适时进行相关内容的教育。比如，在大学新生入校之际，很多人认为这个时期学生不

必要进行就业教育，其实这个时期学生的角色还没有完全转化，对职业的认识还比较模糊，这正是传授职业理论、培养大学生职业意识的最好时期，这个时期的就业教育有利于大学生尽快形成正确的就业观念，树立就业信心，能迅速制订自己的职业生涯规划，为高质量的就业打下良好的基础。另一方面，大学生就业教育的时效性还应该紧密结合经济社会的发展状况，密切关注市场上人才的需求状况，适时做出教育内容和方式的调整，以增强教育的针对性，有利于学生正确把握就业形势。

### （二）大学生就业教育全程化的意义

有利于学生明确学习目的，增强学习的自觉性。我们常说，大学生的学习目的是提高自身综合素质，促进自身发展，但综合素质是个很大的范畴，在浩如烟海的知识中，如何让学生自己有选择地学习，并使学习的内容和方式更有针对性地服务于自身职业发展，是大学生就业教育全程化的重要方面。换句话说，职业教育在大学生在校期间的不同阶段，适时给予学生方向性指导，让学生更加明确在这个阶段的学习任务、学习目的，并逐渐建立起学习动力机制，不断增强学习自觉性。

有利于大学生顺利就业，实现职业理想。全程化大学生就业教育可以帮助大学生更加明确自己的职业理想，并科学规划自己的职业生涯。职业理想的确定以及职业生涯的规划是一个复杂的过程，自己的兴趣与爱好、自身知识和能力基础、专业和学科背景、社会发展状况等四个方面是主要的考量指标，在综合考量这些因素的前提下，才能制订适合这个学生自身需要和社会发展需要的职业生涯规划，全程化大学生就业教育帮助了这一点。因此，大学生只要沿着就业教育给自己设定的路线，顺利就业并实现职业理想应是顺理成章的。

有利于大学生更快融入社会，实现自身社会化。社会化是指一个人从个体人向社会人转变的过程，在这个过程中，个体人能否不断适应社会的规则、变化、人际交往等，是衡量一个人个体化程度的重要标志。而且社会化是一个相对复杂的过程，既有对社会分工的适应，也有对社会关系、社会文化的适应等。尽管现代大学与社会的关系越来越紧密，但个体化仍占相当大的成分。从一个相对封闭的"大学生"向一个承担社会责任、适应社会生活的"社会人"转变，是一个系统的过程。全程化大学生就业教育在大学生活与职业、社会之间不断寻求契合点，并不断促进二者的转化，促进了大学生对社会的认识，提高了大学生的社会适应能力，为大学生尽快融入社会，实现自身社会化提供诸多便利。

有利于高校提高毕业生就业率和就业质量。就业率和就业质量是衡量一个高校毕业生就业情况的重要指标，也是衡量一所高校人才培养质量的重要体现。在大学生就业压力较大、高校之间竞争较激烈的背景下，各高校都非常重视毕业生的就业情况。全程化大学生就业教育将就业形势、就业政策、大学生就业能力等各种因素融合起来，必将有利于高校毕业生的顺利就业，同时为高校在社会上赢得了荣誉和地位。

## 二、全程化大学生就业教育存在的问题分析

### （一）从高校的角度：全程化贯彻不彻底

1. 时间维度缺乏连贯性

我国部分高校大学生就业教育从大学三年级开始，覆盖三年级、四年级，共两年的时间。也有部分高校只在大学四年级开设，共一年的时间。很显然没有贯彻在大学四年中，教育时间不足，教育效果受到影响。这种就业教育的安排，最大的影响是缺乏大学一年级、二年级对学生角色重新定位的教育，缺乏对大学生自我认识的教育，也缺乏对职业的全程、科学规划，导致其在大学一二年级的学习目标性不强、主动性不够、自觉性不足。

2. 内容维度缺乏系统性

第一，有的高校将就业教育课程归属于通识教育课程，由思想政治教师或者学生管理的教师担任教学任务，也有的将就业教育归属于高校的就业部门，并由就业部门安排行政人员兼课。这两种课程归属，都没有很好地将就业教育与专业教育结合，忽视专业的就业教育只具有通识性，缺乏专业针对性。第二，大部分高校还没有开设专门的就业教育教研室，或者建立就业教育的教学团队，课程多由其他科目教师或者行政人员兼课，师资力量稳定性差，对学科缺乏系统的研究，不利于学科发展，也必将影响就业教育的教学效果。第三，就业教育课程不能兼顾理论和实践，多数是重理论、轻实践，这样的教学模式是纯理论层面的，学生的实践能力得不到培养，职业能力无法转化为现实的岗位表现，职业稳定性受到影响。

### （二）从大学生角度：参与积极性不高

1. 对大学一年级开设就业教育课程不理解

在一些高校实行全程化大学生就业教育，部分学生去不理解全程化的意图，学生的质疑集中在"为什么在大学一年级就开设就业教育，是不是太早了？"在这种质疑中，学生对待教学活动不积极、不主动，甚至有被动应付、逃课等情况。原因在于，大学生对就业教育的全程化教育体系缺乏全面认识，大一阶段的就业教育是教育体系的一个重要节点，学生的认识不够充分。

2. 对就业教育课程的重视不够

虽然大部分大学生都认识到就业教育的重要作用，但现场参与度不高，表现不够积极。原因在于，当前高校的就业教育课程多定位于通识课程，且用选修方式开设，考核相对简单，要求低；教学模式以理论讲授为主，实践指导较少，这些落后的教学方式，让学生对这门课程的学习失去了兴趣，甚至很多大学生在遇到就业困惑时，没有通过课程学习解决问题的思维方式，而是通过其他途径找到解决问题的办法。

# 三、对策研究

## （一）就业教育的规范化管理

就业教育有自己的理论体系，在西方发达国家已经形成了成熟的职业教育理论，其教育过程是一项系统性工作。我国在理论研究和理论发展方面还有很多工作要做，为促进就业理论的发展，就业教育的规范化管理具有的重要现实意义和理论意义。

### 1. 明确就业教育课程归属

当前，我国大多数高校都独立设置了大学生就业指导中心，而且大部分的就业指导或者通识性就业教育课程都是由该部门的工作人员或者教师担任。要明确就业教育课程归属在该部门，并建设固定的教研室（或研究室），师资要相对稳定，方便任课教师在较稳定的环境中开展理论研究或者科研活动，促进全程化大学生就业教育的理论发展。

### 2. 就业教育性质具有双重性

就业教育承担的任务不仅有一般的通识能力，还有专业能力，因此，就业教育具有通识性和专业性的双重属性，这也就决定了担任教学任务的不仅有通识课程教师，还要有熟悉相关专业企业与行业发展的专业教师；教学任务不仅有通识能力，还有与专业相关的专业操作能力。

## （二）全程化的教育内容安排

全程就业教育的主要任务是通过对大学生就业相关理念、知识与能力等内容的教育，帮助学生完成自我职业规划、自我职业设计、自我提升和顺利就业等任务，提升大学生的就业质量，促进大学生自身可持续发展。基于此，全程化就业教育内容要包含以下四个方面的调整：

### 1. 思想性要高

就业教育包含就业观念的教育，一个大学生的就业观反映了其世界观、人生观和价值观，也反映了一个人的职业道德和职业修养。在大学生就业教育中要渗透高层次的思想教育，尤其是在"中国梦"的背景下，每个个体的人都是集体中的一分子，都是"中国梦"的贡献者，也必将是受益者。要为实现中华民族伟大复兴的"中国梦"努力工作，积极贡献，以实现自身价值和社会价值。

### 2. 政策解读要权威

大学生就业政策与社会的现实发展密切相关，也是帮助大学生明确就业方向，避免盲目性和随意性的重要信息。就业政策的种类相对复杂，有全国性政策、地区性政策，还有教育部、人力资源和社会保障部等相关部门制定的政策。担任就业教育的教师要及时跟进最新政策，将最权威的政策解读给学生，帮助学生了解政策的变化，消除困惑，并纠正自己的片面认识和幻想。

### 3.信息提供要尽量全

就业信息包括就业市场信息、毕业生信息等，是分析就业形势、搭建就业市场的需求方和毕业生供给方之间的桥梁和纽带，承担就业教育的教师或相关部门的工作人员提供的信息越全，供给和需求之间的沟通越密切，对促进大学生就业率和就业质量的作用越大。就业教育相关教研室、院（系）等要组建专门的信息搜集队伍，并开拓信息发布平台，及时向大学生发布各类就业信息，以方便学生做出科学的决策。

### 4.就业技巧的指导要有普遍性和针对性

就业技巧有通识性的和专业性的，通识性的具有普遍性，适合各个不同专业的毕业生；而专业性的则针对性强，不同专业的就业技巧有差别。比如，就业礼仪、面试等都是普遍性的就业技巧；专业操作能力等就是针对性的技巧。在大学生就业教育中，普遍性和针对性两种就业技巧都要传递给学生，缺一不可。二者兼顾的就业技巧不仅能显示毕业生的综合素质，还能体现其专业素养。

## （三）全程并分阶段的教育过程

教育过程的全程化是指就业教育要贯彻大学生在校的全过程。在全过程中的教学活动要有系统的教育规划，每一不同的阶段，其教学任务和教学目标是不同的。有的高校将大学生就业教育分就业探索期、就业定位期、就业实践期、就业分化期等四个阶段进行。

就业探索期主要在大学一年级，结合"思想道德修养与法律基础"课程中认识大学生生活、理想信念教育等内容，帮助大学生认识大学的特点与意义，认识专业特点和职业前景，鼓励学生综合自身、社会、专业等方面制订自己的职业生涯规划。二年级为就业定位期，立足专业课程和专业教育，侧重塑造和完善自己，为未来的职业生涯准备扎实合理的知识结构，并进一步验证、调整自己的职业规划。大学三年级为就业实践期，学生具备一定的综合素养和专业基础知识与技能，职业规划基本制订好，并进入实施阶段。就业教育要增多社会实践类课程，指导学生试探进入工作环境，认识工作过程。大学四年级是就业分化期，就业教育要求大学生应该将目标锁定在各自的工作申请及成功就业上，并为毕业生提供各种就业信息、就业技巧等。

## （四）建立全程化的大学生就业教育服务咨询体系

不同的学生受其自身知识与能力、职业价值观、职业期望等多种因素的影响，其对就业教育的理解、接受和需求也不尽相同。要建立全程化的大学生就业教育服务咨询体系，跟踪解决学生提出的问题、遇到的难题，帮助大学生顺利就业。

### 1.建立就业教育咨询体系

在就业教育或者就业指导部门开设专门的就业咨询工作室，有专业教师"坐诊"，解决学生提出的各种问题。咨询分为集体咨询和个别咨询两种，如果学生提出的问题集中在某个方面或者某个专业领域，咨询工作室要安排教师或者工作人员做集体咨询。如果学生提出的问题分散，均不具有代表性，应以个别咨询为主。在日常执行中，这两种咨询方式要"双管齐下"，共同作用。

2.建立大学生就业教育跟踪服务体系

高校及其相关部门要组织专门的人员力量，深入学生实习、就业的单位或者部门，跟踪调查研究学生的就业情况，搜集各种反馈信息，作为第一手资料，动态研究大学生就业教育的科学性和可行性，以便及时调整，促进教育质量不断提高。

# 第六节　国外大学生就业教育对我国的启示

高等教育大众化导致我国高校招生规模日益扩大，毕业生数量剧增，然而就业市场的职位需求并无明显变化，出现大学生"就业难"问题。在对我国大学生就业教育存在的问题及其原因进行分析的基础上，针对国外就业教育现状，分析其教育理念和实践案例，总结国外大学生就业教育特点并与国内进行比较分析，提出对策建议，为解决我国大学生的就业问题提供参考。

随着我国高等教育的不断发展，高校毕业生人数迅速增加，从2002年的134万人到2008年的559万人，直到2013年的近700万人。就业形势的日益严峻已经成为备受社会关注的问题。就业是大学生人生的重要转折，是迈向社会的关键阶段，但沉重的就业压力使得不少学生产生困惑、无所适从，甚至烦躁、自卑、自闭等消极情绪，严重影响身心健康。

就业教育是指学校根据国家利益和社会需要及职业结构，针对大学生素质要求，结合大学生个性特点，通过就业形势、社会职业介绍、职业兴趣、能力素质测试和就业心理辅导等一系列教育活动，帮助学生进行自我认知、职业认知，树立职业理想，获得职业能力要求的知识和技能，进而正确合理地就业。目前，国内关于大学生就业指导、职业生涯规划的研究较多，但对高校大学生全程性就业教育研究较少，就业教育问题多从就业指导及国内高校角度入手，国外大学生就业教育开展较早，对其就业教育理念及现状进行研究，旨在为深入开展我国大学生就业教育，解决当前就业难题提供参考。

目前，我国很多高校就业教育观念落后。首先，对就业教育概念的理解存在偏差。"就业教育"即"就业指导"或"就业辅导"业已成为传统思维定式，然而，人们所指的"就业指导"仅是针对毕业生而言，而非面向全体在校学生。弊端在于：一是学生对就业教育概念接触时间短，很难理解和消化；二是就业所需知识、能力和技能需要一定时间的积累和磨炼，短时间内难以掌握。其次，就业教育内容空洞，缺乏前瞻性，形式流程化，缺少系统的理论支撑和丰富的实践佐证。一些高校将其列为选修课程，重视程度不足。此外，部分高校认为大学生就业教育问题是一个社会性问题，仅凭自身力量无法改变现状，为达到一定的就业率水平，更关心毕业生是否就业，而非如何找工作、找适合的工作。

我国实行"竞争上岗、择优录取"就业模式时间不长，因此就业教育的系统积累较少，很难在短时间内形成全面系统的就业教育组织机构。多数高校就业教育部门"重管理、轻研究"，就业教育研究也多是"外借"，并非根据本校实际得出，还没有真正从就业管理阶段转变到就业服务阶段，远不能适应当前就业形势的需要。有的高校就业工作部门被定位为"兼职部门"，绝大部分就业工作分配在毕业阶段，非毕业阶段转向机关事务、学生管理、专业课讲授等工作，专职化程度低。此外，负责就业教育的教师数量少、经费不足，一定程度上也制约着大学生就业教育的开展。就业教育组织机构的不健全，导致就业教育力度不够、内容不全面、效果不明显。

第一，多数高校就业教育课程枯燥乏味，导致就业教育质量下降。第二，多数高校由辅导员兼职负责就业教育课程，教学效果可想而知。第三，就业教育实践性强，单纯的理论传授难以满足学生需要。适当的实践训练、参观访问、公司实习，结合心理咨询、情景模拟等形式能够取得良好的教学效果。然多数高校流于形式，满足于理论授课，很少甚至没有实践教学资源。第四，缺少毕业生反馈、评价机制，以致就业教育不能根据经验与问题进行调整和完善，就业教育工作无法适应新形势。

2013 年 5 月 16 日，国务院办公厅印发《关于做好 2013 年全国普通高等学校毕业生就业工作的通知》，从"落实就业政策、拓宽就业渠道、鼓励自主创业、加强就业服务、开展就业帮扶和就业援助、大力促进就业公平、推动高等教育更好地适应经济社会发展需要和加强组织领导"等八个方面提出要求，明确了新的政策措施。地方上纷纷成立就业机构，出台优惠政策，建立人才市场等。但是这种情况在全国各地并不平衡。此外，国家行政学院竹立家教授表示，"用人不当、走后门、看面子、任人唯亲"等现象要引起高度重视。"就业不公平是制度安排问题。国有企业、事业单位的招聘流程不像公务员考试那么严格，留下了很大的用人腐败空间。"因此，各级政府要营造公平、公正、和谐的就业环境，让高校毕业生"敢于闯、乐于试、能成功"。

# 一、国外大学生就业教育理念及现状

## （一）国外大学生就业教育相关理论

### 1. 特质因素理论

1909 年，美国工程师帕森斯（Frank Parsons）开创特质因素理论，并体现在其著作《职业的选择》中。他认为，每一个个体都可以找到适合自身人格特征和能力的职业，即人的性格和能力与职业存在相关性。该理论构建了一种职业指导模式——按照性格、能力与职业的相关性指导大学生就业，既可以达到"人尽其才"，又可以做到"人职匹配"。无论在国外还是国内，特质因素理论对职业生涯的发展都起着不容忽视的指导作用，一直沿用至今。

### 2. 生涯决定理论

库伦伯茨（Krumboltz）的生涯决定理论，对影响职业生涯行为的自身学习经验和社会环境因素进行具体分析。实质是，基于社会学习的理论，帮助求职者认识到自己的错误，提供学习机会，使其获得知识和技能，并制订适合自己、适应社会的策略。生涯决定理论在阐述影响职业生涯行为因素的基础上，强调实践的重要性，注重专业技能的培养和训练，这对指导学生就业具有无可替代的实际意义。

3. 发展性理论

发展性理论最早由美国职业管理学家萨帕（Donald E·super）提出，主张用一种动态的观点看待一个人的职业生涯历程。发展性理论与特质因素理论最明显的区别在于，发展性理论所认为的职业生涯不是一个静止过程，而是一个动态、永恒探索的过程。

除以上具体的就业教育相关理论，国外还有一些观点值得深入研究，如乔治·沃克·布什在《重视德育教育》一文中曾指出，学校教育的目的不能仅仅局限于提高学生的智力水平，更重要的是培养德才兼备的人才，强调"在教育计划中一定要有家庭的参与，并把道德价值观的培养重新列于其中"。

### （二）国外大学生就业教育现状

在就业教育理念指导下，国外大学生就业教育在教育方向、教育内容、资金支持等方面较成熟，并贯穿于整个高等教育过程。

美国等西方国家在20世纪60年代将就业教育作为正式的教学计划贯穿于学校教育全过程。从新生入学开始，开设就业指导课程，帮助学生正确认识专业和未来工作的联系；开设就业指导讲座，提高学生面试技巧；开设心理辅导教育，及时解决学生在择业和就业过程中的困惑。加拿大的就业教育机构由政府直属，经费充足，专业特色强；就业教育工作者专业化水平高，服务意识强；咨询师都具有相应的专业学科背景，能够有针对性地培养学生的就业择业意识，为其进行职业选择和规划，提供求职信息。在德国，大学生就业由全社会共同负责，不仅提供实习基地，还负责实习培训与评估。同时各大高校对学生进行心理测试、咨询，引导学生正确自我定位，确定职业理想和方向，并在各年级开设不同的就业教育课程，设置就业前实习课程，实习过程中进行阶段性谈话，从而使学生的就业理念与现实相适应，确定正确的就业目标。

## 二、国外大学生就业教育特点

### （一）早期细致的就业教育规划

国外的就业教育始自中学阶段，尤其是美国、加拿大、澳大利亚在小学、中学阶段即设置职业教育课程。学生毕业升学时，学校为其进行心理测验，使其了解自身兴趣爱好、性格特征、能力情况，提供适合报考的学校和专业的意见。在早期就业教育的渗透下，从大学生入学开始便进行生涯辅导，使学生在学习过程中逐渐形成明确的生涯目标。第一年进行职业教育，了解当前就业市场需求。第二年进行自我建设，充分认识自身优点、兴趣、个性；学校组织各种活动，为学生提供充足的职业选择和能力培养机会。第三年介绍当前就业形势，鼓励学生参加校内外招聘和实践活动，帮助联系实习单位，使学生对职业有更直观的感受和体会。毕业之际，为学生提供求职信息，给予细节指导和帮助，组织模拟面试等。有些国家在学生找到工作后，继续提供就业指导服务和培训活动，以满足变更职业和继续求职的个性化需求。

### （二）专业的师资队伍和就业服务

国外高校就业教育人员普遍专业化程度很高，担任就业教育工作的主任一般具有辅导学、咨询学、教育学等硕、博士学位，就业顾问一般具有心理学等相关专业硕、博士学位，且所有人必须持证上岗，岗位分工明确。根据学生的人数规模配备专兼职人员，使每个毕业生都能得到一对一辅导。英国牛津大学招聘有就业教育专业训练经历的人才，专门进行就业指导和信息咨询，并邀请用人单位进行实地演说和交流。学生在学校信息平台上，可以通过网络搜索企业空缺职位、发送电子简历。更重要的是，其就业教育服务涵盖在校生、毕业生以及毕业4年之内的学生，具有专业性和长期性的特点。在美国，不仅有专业的就业教育师资团队，还有较完备的硬件环境。就业机构建立就业图书馆，将资料分门别类开放阅览，且电视机、复印机、投影仪等设备一应俱全，以满足学生的就业服务需求。

### （三）公开的信息交流和协调的部门合作

信息的畅通是大学生就业的首要环节。国外就业教育机构利用网络媒体和学校平台，将政府、企业、学校紧密联系，政策、信息的更新第一时间通过平台传达给学生。美国、加拿大、澳大利亚等国家利用校友资源，通过网络发布独家招聘信息，为毕业生搭建职业交流和选择平台。日本的大学设立就业部或就业科，专门负责学生的就业教育和咨询服务工作。有些国外大学将思想政治教育、就业教育和心理教育等联合统一，进行阶梯式课程设置。这种协调合作能使就业教育更好地适应社会发展，真正达到就业教育目的。

## 四、国外就业教育对我国的启示

### （一）转变就业教育观念，建设规范的就业教育体系

大学生就业教育是以引导学生获得全面发展、取得职业生涯及人生成功为目标的科学教育活动，其教育行为的开展必须以科学、先进的理念为指导。第一，避免因追求"高就业率"而忽视学生的生涯规划。"先就业，再择业"仅是缓解当前就业难的权宜之计，不能千篇一律地灌输给所有学生，而应针对学生特点"对症"指导。第二，正确认识就业教育的重要性，以科学、规范、系统的教学模式开设就业教育课程。采用"发展性生涯辅导"的就业教育模式，完成大学生就业的五个过程：准备过程、选择过程、实践过程、调整过程、实现过程。将这五个过程体现在一年级到四年级的就业教育中，分阶段、有意识地将就业教育内容渗透到学生培养的全过程。高校可在学生入学第一年，介绍专业就业现状及前景，使其了解当前的社会需求和就业方向。在第二年和第三年期间，学生在学习专业知识的同时，通过课外活动、社会实践、企业实习等途径，逐步增强对专业全面、综合的了解，调

整学习方向和择业角度，并在大四阶段针对自身综合素质，明确职业目标，实现成功就业。

### （二）增强就业教育的实效性，引导学生自主创业

借鉴西方的学生主体性与创造性发展模式，把生涯规划思想渗透到教学中，有助于学生个人活力的激发和能力的提升。通过创业教育，让学生了解如何创业、创业应具备的条件、创业的未来等。在日常教学管理中，逐步渗透、培养创新精神，用成功的创业案例激发学生的创业欲望，同时也要让其清醒地认识可能遇到的困难和挫折，树立正确的创业心态。与此同时，讲授创业知识技能，鼓励学生积极参加创新实践活动，从中掌握创业知识、提高创业能力、激发创业热情，使创业教育发展成为一个渐进的、不断完善的过程。当代大学生不应仅仅是择业者，更应是创业者，具备这种认识，能使大学生准确自我定位，自主选择社会角色，从而更好地规划职业生涯，解决就业难题。

### （三）提供就业教育支持，建立就业教育保障体系

在国外，政府出台诸多法律法规以保障和支持就业教育顺利实施，同时提供资金支持。就我国而言，就业教育起步较晚，相关政策和制度还不完善，需要政府更多的关注和支持。首先，保障高校就业教育工作的经费投入，为大学生开展就业实践提供必要的经费支持。其次，重视校企合作。学校与企业建立实时平台，提供毕业生信息和企业需求信息，为学生搭建就业桥梁。再次，转变就业教育机构的管理职能。高校就业教育主管机构应纳入学校的机构序列，逐步完成从"就业管理型"向"就业研究型"的转变。最后，培养专门的就业教育工作者。建立资格认证制度，定期考核和培训，使就业教育与时俱进，保证就业教育的专业化。

# 第七节　基于人本理念的新时期大学生就业教育

就业是民生之本，促进就业是安国之策。随着高校扩招、高等教育大众化，大学生的就业压力也日益凸显。针对大学生就业，我国依据具体国情制定了大学生就业政策以促进大学生就业。坚持以人为本实行大学生就业教育已成为顺势之举，刻不容缓。

## 一、以人为本理念完善大学生就业教育内容

目前，中国的高等教育已经由"精英化教育"向"大众化教育"转型。新时期大学生也面临巨大机遇，尽管 2007 年中国经济出现小波折，但中国经济可持续平稳增长仍是大势所趋。随着全球经济一体化进程的加快，产业结构进一步调整，技术融通加剧，这些因素都加大了对国内高校毕业生的吸纳。而我国也建立了较为完善的大学生就业教育指导体制，以有效指导大学生转变思想、看准机会、顺利就业。大学生作为社会的一个特殊群体，是社会的重要组成部分，也是国家发展的储备力量。为促进大学生顺利就业以及更好地发

展，大学生就业教育坚持以人为本理念为出发点，以大学生发展为主旨，培养学生选择、规划职业生涯的能力，健全学生的思想和道德水平，指导学生在择业中的心理问题。

大学生就业教育中的综合素质教育。大学生毕业走出校园适应社会生活是个体与社会环境的交互作用中个人追求与社会环境维持和谐平衡关系的过程。近年来，高校合并实现了对教育资源的重组与改进，单一型学科被复合型学科代替，从而使高校毕业生的综合素质、社会适应能力得到进一步的提高。对大学生的培养不仅定位于培养出一批有文化、有知识、有技能的人才，更重要的是大学生的综合素质教育。国家在对大学生就业教育中着眼于社会的发展，立足于学生的现状，从大学生的自我认知开始进行个性特征能力的探索和价值观、世界观的培养、个人素质的提高，帮助在校大学生了解社会，进而对就业和人生规划做出决策。在新时期的就业教育中，国家从和谐发展观入手，以学生为中心，强调提高学生的综合素质，使学生正确、深刻地认识当今的社会，未雨绸缪，做好就业的各项准备，提高对社会的适应能力，积极主动地融入社会，实现个人及对社会的价值。

大学生就业教育中的心理教育。人人都渴望成功，渴望自身与社会充分和谐的发展，大学生应面对社会现实，进行正确的自我剖析；把握自身优缺点及兴趣爱好；拥有良好心理素质是适应社会必不可少的素质。所以，大学生必须从实际出发，正确认识客观现实，不逃避现实也不做无根据的幻想。从客观上尽量将自身置身于社会中，与现实社会生活保持接触，主动面对社会的各项挑战，充分发挥主观能动性并妥善处理好自身与社会的关系，创造条件使自己处于有利的环境中。大学生在融入社会的过程中往往存在一些困扰，大学生可采取心理防御措施，采取积极的生活态度，审时度势，从而更好地适应社会。生活在社会中，人不仅需要生理方面的满足，也需要友情、理解、尊重等心理上的满足，大学生也应保持身心健康，使心情轻松愉快，提高自己的社会适应力。

大学生就业教育中的社会化教育。社会是人的社会，社会由人组成。大学阶段是每个大学生一生中的关键阶段，也是大学生成功转化为社会人的重要一步。大学生对社会的适应主要是社会角色的扮演，从而形成自我意识，实现个体社会化的过程。对社会的适应是大学生跨出校园后所要面临的第一课。大学生社会认知水平的局限性在一定程度上会导致学生的认知偏见及情绪不稳定，在社会中产生角色冲突和自我意识的矛盾。适应能力强的学生会顺势而变，如鱼得水；而适应能力弱的学生则会与社会、工作环境、人际关系格格不入。所以，国家要加强对大学生进行社会化的指导，使其更加熟悉社会。对于大学生而言，社会化不仅要求学生具有基本的能力，而且要求学生具有适应并推动社会发展的素质、技能和能力。新时期是个人与社会和谐发展的时期，大学生则更应该深刻贯彻和谐社会、以人为本的理念，做到个人与师生和谐发展、个人与学校和谐发展、个人与社会和谐发展，在走上就业岗位之后可以与社会和谐相处，扮演好所处的社会角色，成为成功的职场人、社会人。大学生处于职业生活的前夕，要精学专业知识，博览群书；掌握专业技能；熟知职业模式；掌握职业道德规范；了解所要从事工作的开展状况等是对大学生社会化的要求。

大学生就业教育中的职业化教育。职业生涯是生涯规划的重要部分，也是大学生生涯规划最困惑的一部分。大学生缺乏职业的实践锻炼，对变幻莫测的职业世界充满好奇与恐惧，面对毕业后的选择充满困惑。在进入社会之前，很多大学生不能客观全面地看待自己，对今后的职业生涯很少做出系统全面的分析。

"志不立，天下无可成之事"，在制订生涯规划时，首先要确立职业志向，这是启动职业生涯规划的关键。正所谓没有目标，也就没有动力。大学生的职业成败很大程度上取决于有无正确适当的职业目标。只有树立了正确的职业目标，才有明确的奋斗方向。职业生涯目标大致分为四个层次：第一层次是愿景目标，属于内心职业向往；第二层次是职业方向目标，即所想要达到的职位；第三层次是长期目标，即五年至十年的目标；第四层次是行动目标，即短期内能实现的目标。目标的制订要由近及远，先达成近期的后达成远期的。其次要自我评估，包括对个人的兴趣、特长、性格、技能、职业价值观的分析，才能对自己的职业方向做出正确的选择，选定适合自己发展的职业生涯路径。最后了解职业内外部环境。分析职业外部环境、发展变化情况、环境所提供的有利和不利条件，这样才能在复杂的环境中趋利避害。职业内部环境则是对身心健康、教育背景、价值观进行分析，从而对自身做出正确的评价，适应与自身相匹配的工作。

## 二、以人为本理念创新大学生就业教育管理模式

基于以上对当前大学生就业教育问题的分析，我们认为应当坚持以人为本、以学生为本的原则，创新大学生就业教育及管理模式，具体做法如下。

建立健全保障体系。高等教育的核心在于人才培养，高校教育事业的顺利与否直接关系大学生的就业，而后者又反作用于前者，因此二者相辅相成。高校应当将招生、人才培养和就业教育管理作为一盘棋，统一布局、立足长远，以社会客观需求与就业为导向。在专业建设过程中，应当注意强化和培养学生的创新意识、能力，将知识传授与学生的实践能力培养有机地结合在一起，从而提高大学生的市场就业竞争能力。实践中可以看到，上述策略的实现必须要依靠一套健全完善的保障体系，因此，只有建立健全高校毕业生就业教育管理体系才能促进大学生的就业。

完善教育管理机制，由高校专人负责，实行两级管理，以此来动员全员参与。在当前形势下，高校应当在建立健全就业教育管理体系的情况下进一步完善教育管理机制，实行高校一把手负责制和两级管理，通过多管齐下、全员参与的形式，提高毕业生就业教育质量。高校一把手在学生的就业教育管理过程中，应当亲自抓、负总责，从而为高校毕业生的就业创造条件。同时，还要建立高校与院系两级管理机制，学校的工作重心在于整体推动与宏观调控，注重与行业、市场的有效对接，从而搭建一个高效的就业平台、格局；学校各院系的工作重点在于和具体的企事业单位保持沟通和联系，尤其要注意与专业需求相结合，对每一个毕业生进行就业推荐和指导。

整合校本资源，共建就业市场。实践中，高校应当依托于地方政府，并在此基础上建

立一个区域性的广泛就业平台，积极主动地与各级地方政府、人事管理部门联系，第一时间了解该地区的各类人才需求计划，吸引一些企事业单位来本校招聘人才。同时，还要依托主管部门，建立行业性就业平台，通过联合举办各种类型的专场供需见面会、座谈会、人才论坛等途径，促进资源共享。比如，师范类高校可组织和参加"高师就业联盟"，整合校本资源，实现优势互补、共建就业市场。此外，还要依托校友资源，即建立一个人文性的就业平台。校友与学校之间具有学缘和亲情关系，通过开发这种潜在的亲情资源，不仅可以满足校友回报母校的心愿，还可以开辟就业新途径。

落实人本理念，加强走向引导。第一，工作状态积极主动：学校应当主动联系社会市场用人单位，主动服务学生，了解学生的就业心态与当前存在的困难。第二，工作视野面向社会：毕业生应走出校园，不能局限于目前的视野范围，应积极参加培训、应聘以及实习与创业。第三，工作全面统筹：学校应当将招生、人才培养以及就业纳入统一管理体系，将办学与社会发展需求相对接，既要有亮点，又要统筹兼顾；既要两头抓，又要顾及学生的个体差异性。第四，转变工作方式：实践中应以引寻服务为原则，不断提高思想认识水平，坚持以人为本的理念，换位思考，为毕业生的就业做全面考虑。第五，就业观念要理性：就业引导主要体现在思想观念上，应从学生的自身实际出发，选择最适合的岗位，采取先就业、后择业，先上岗、后发展的模式，并引导和鼓励有条件的学生自主创业，立足自身，理性对待就业问题。

# 第二章  大学生就业教育的创新研究

## 第一节  大学生就业教育生态系统构建

近些年，大学生就业呈现出越来越困难的局面，就业教育问题也越来越受到社会的关注。本节将从多个角度来分析大学生就业教育中存在的问题，并通过构建相应的生态环、生态圈、生态链的方式来对其进行有效解决。

高校大学生就业教育是促进大学生实现自身价值的重要途径，也是思想政治教育的重点内容。基于大学生对国家未来发展的重要作用，以及其就业教育成效与生态建设的紧密联系，我们应当从生态视角来寻求提高大学生就业率的方法。

### 一、大学生就业教育生态问题分析

新时代的就业教育不能只是单纯地针对就业问题进行指导，应当包含学生学业、就业创业计划、职业规划发展以及事业谋划等诸多内容，要对学生在学业、事业、职业、创业等方面进行全方面培养。但在实际就业教育过程中，很多学校都没有将这几者进行整合，要么只讲就业，要么只讲其中的某几个，完全忽视了就业生态系统的整体性，导致就业教育的教学效果并不理想。就业教育内容与服务对象的需求脱节现象也较为严重，以至于社会与人才无法接轨。就业教育从表面上看是为学生提供教育服务，但实际上它的最终目的是为社会输送有用人才。在实际教学中，学校忽视了学生的个体发展，也忽视了社会对人才的实际需求，最终造成了大量的人职不匹配的现象。再加上很多学校在社会实训教学方面做得不到位，没有将就业实践与校外资源进行结合，使得大学生的综合职业能力很难得到提升。

### 二、大学生就业教育生态系统的构建

#### （一）构建开放、和谐的就业生态圈

由于我国人口众多，各项资源均显得稀缺紧俏，社会各种工作岗位亦是如此。随着社会的不断发展，大学生就业问题逐渐成了我国急需解决的重点问题，就业教育也受到了社

会的普遍关注。在这种局势下，我们首先应当丰富就业教育内容。以往，我们只是针对"就业"问题进行辅导，导致很多学生对就业问题并没有实质性的认识。因此，我们要对就业指导以及就业服务方向做出调整，要将教育内容与影响大学生就业发展的相关因素进行拓展，比如就业择业能力培养、职业生涯规划和发展、创业意识和创业能力培养、从业规范行为和能力培养等。其次，教育对象不能仅限于即将毕业的大学生，应当包括所有大学生。同时，还要对刚步入社会的学生及时进行就业跟踪。最后，要适当地提高教学要求。学习是为职业规划打下坚实的基础，职业规划是为了就业择业开辟途径，而就业择业则是从业的前提保证，创业是就业的最终目标。上述关系表明，要想构建和谐统一的就业教育内容体系，就要促进各种生态因子的和谐共处和平衡发展。

### （二）构建稳定、健康的就业生态链

只有重视人与社会以及人与自然的和谐关系，促进人、社会、自然之间的统一才能构建起良好的生态系统。高校大学生、社会用人单位、就业教育三者之间的关系就如同一条生态链，就业教育是这条生态链中的重要一环，它凸显了人文生态价值。要使生态链能够更加健康、稳定，学校需要不断壮大就业教育的师资队伍，加强对就业教育软硬件条件的建设，帮助学生实现就业愿望。对大学生们就业诉求给予重视，为其开设具有使用价值的就业教学讲座，积极组织课外就业实践活动，并根据学生的实际情况对其进行专业的就业心理辅导。除此之外，还要尽量凸显人文关怀。学校应当通过对用人单位采取访谈、问卷调查等方式来了解社会的实际需求，然后有针对性地对大学生的综合就业能力进行培养，使他们能够更加从容地步入工作岗位。

### （三）构建良好的就业生态环

大学生就业教育的最终成果就是大学生的就业能力，它是职业理论和职业技能的综合体现。所以，在对大学生进行职业理论知识培训的同时，也不能忽视职业技能的提升。各高校应当将校内的就业实践教育与真实的社会实训进行有效衔接，将就业教育向校外延伸。学校可以积极开展与企业之间的合作，聘请专业人员来学校为学生进行知识传授，带领学生参观、体验企业的实际工作流程和工作环境，增进企业与学生之间的相互了解，有效解决供需之间的错位问题。学校也可以和企业共同制订有针对性的人才培养计划，实现按需培养，为企业专门培养所需的优秀人才，这样可以更好地满足企业的发展需求，也能够使大学生的就业率得到显著提升。

大学生是祖国的未来和希望，大学生的就业问题不仅仅关系个人的未来，也影响社会的发展。因此，我们应当对大学生的就业教育给予足够的重视，要运用科学的教育理念构建全方位的教育、服务、指导体系，来进一步促进大学生的顺利就业。

# 第二节 "双创"视域下大学生就业教育理念重构

"双创"作为一场社会改革,必然引起人们思想观念的变化。大学生就业形式的新变化、人才培养类型的新要求、职业发展面临的新考验是提出大学生就业教育理念重构的主要原因。党和国家出台的就业创业新政策、经济发展进入新常态和大学生就业创业面临的新矛盾是进行理念重构的逻辑前提。进行就业教育理念重构要求实现转变就业创业观念、提升就业创业能力、促进职业稳定发展的目标要求。要实现这一要求,"双创"视域下大学生就业教育要树立服务更高质量就业的理念,树立引导学生规划人生的理念和树立培养创新创业人才的理念。

"双创",即大众创业、万众创新的简称。它是我国在经济发展进入新常态、改革开放进入攻坚期和深水区阶段提出的引领经济发展的新引擎,已经上升为实现中华民族伟大复兴中国梦的国家战略。"双创"视域下,随着就业形势、就业方式、就业结构等的深刻变化和调整,传统的以帮助大学生找到一份工作为目的的就业教育理念已不能适应"双创"要求。为此,重构大学生就业教育理念,推动大学生就业教育转型发展,才能更好地展现大学生就业教育在促进大学生就业创业过程中的作用。

## 一、"双创"视域下大学生就业教育理念重构的逻辑归因

"双创"视域下,大学生就业形式的新变化、社会对高校人才培养的新要求和大学生职业发展面临的新考验是提出大学生就业教育理念重构的主要原因。

"双创"视域下大学生就业形势出现新变化。就业教育因就业而起并围绕就业展开。"双创"作为一场社会改革,将对传统的就业方式和就业结构带来深刻的变革。随着创新驱动发展以及世界新科技革命的孕育兴起,工业 4.0、智能机器人、互联网、云平台、大数据等的到来,以众创、众包、众扶、众筹等为特征的新模式、新经济、新业态将大量涌现。同时,"双创"也为创业创新提供了公平的机会,创业就业将成为大学生就业的新趋势。另外,信息咨询服务、科技服务、社区服务等现代服务业也将取代第二产业成为大学生就业的主要领域。由于这些行业具有就业形式灵活、就业风险大等特点,这就客观上对大学生传统的就业观念提出了新的考验。换言之,在科技创新日新月异的"双创"时期,如果就业思想观念和思维方式仍然停留在"一选定终身"的择业阶段,显然已跟不上时代发展的新要求,也必然将被社会所淘汰。面对"双创"视域下就业方式的巨变,是就业还是创业,是新兴产业就业还是传统产业就业,以及以何种方式实现就业等,都将对大学生传统的就业观念提出新的考验。因此,大学生就业形式的深刻变革,客观上倒逼大学生就业教育进行理念创新,以帮助大学生及时转变就业观念以适应"双创"发展要求。

"双创"视域下高校人才培养类型面临新要求。"人"既是"双创"的主体，也是推动经济社会发展最为活跃的因素。推动"大众创业、万众创新"，关键在于培养创新创业人才。创新精神、创业意识和创新创业能力是创新创业人才的鲜明特质；与传统的"科研型"或"职业型"人才相比，创新创业人才具有更强的综合素质和能力，更能适应建设创新型国家的需要，也更能促进个人的全面自由发展。创新驱动实际上是人才驱动，"双创"视域下，面对"中国制造"向"中国智造"的转变，创新创业人才结构性不足的矛盾将更加突出，由此倒逼高校人才培养目标做出新的调整。大学生就业教育处于高校人才培养"最后一公里"的关键环节，表面上它以促进大学生就业为目的，实际上同样担负着"培养什么人、怎样培养人、为谁培养人"的职能。只有从人才培养的高度认识大学生就业教育，才能真正体现出大学生就业教育的价值。因此，重新审视提出"双创"的时代背景和内在要求，从培养创新创业人才的高度着力，创新就业教育理念，科学定位就业教育目标，才能培养出适应和引领经济新常态的高端创新创业人才。

"双创"视域下大学生职业发展面临新考验。促进大学生职业稳定发展是大学生就业教育的主要目标。但在"双创"背景下，随着新职业、新业态、新经济等的出现，传统的"从一而终"的职业选择观念也将发生彻底的转变。可以说，随着"双创"的深入推进，大学生找到一份工作不容易，但要维持这份工作将会更加不容易。美国学者托马斯·弗里德曼曾在其《世界是平的》一书中指出，从 2000 年左右开始，人类已经进入全球化 3.0 版本，全球化 3.0 版本是对个人技能和综合素质的挑战，"今天，你必须每天通过自己创造的价值和独特的技能证明你有资格继续待在这个岗位上，否则就会被淘汰"。同样，"双创"视域下，"互联网＋创业就业"、共享经济、线上线下等新职业、新业态等大量涌现，大学生的就业方式和职业选择途径变得更加多元，如何根据自身的条件和外部环境以及自身追求的目标，确定自己最适合干什么，作为一个世界观、人生观、价值观尚未完全成熟的大学生，如何在多元的职业选择中找到适合自己未来发展的"坐标点"，绝非易事。因此，从促进大学生职业发展的目标出发，调整目前"就业率至上""为就业而就业"等的就业教育理念，树立适应"双创"时代要求的就业教育理念，才能体现出大学生就业教育的价值。

## 二、"双创"视域下大学生就业教育理念重构的逻辑前提

理念重构必须遵循一定的主客观条件。党和国家出台的就业创业政策、经济发展进入新常态、大学生就业创业面临的新矛盾，是"双创"视域下重构大学生就业教育理念的逻辑前提。

党和国家出台的就业创业新政策。党的十八大以来出台了大量关于就业创业的新政策，这些就业创业政策是提出重构大学生就业教育理念的政策依据。依据就业创业政策是保证就业教育理念时代性的需要。党的十八大以来，党中央、国务院根据我国就业领域出现的新矛盾和新挑战，对新时期的就业创业政策做出许多新的调整。一是坚持就业优先战

略，实施更加积极的就业政策，推动实现更高质量的就业。其中首次将鼓励创业纳入就业方针，体现了以创业带动就业的政策导向。二是提出落实高校毕业生就业促进和创业引领计划。如 2014 年 5 月 22 日，由人力资源与社会保障部等十部委联合出台的《关于实施大学生创业引领计划的通知》，明确提出引导和支持更多的大学生创业，为大学生创业提供政策支持。三是出台系列创新创业的体制机制。如提出加强公平竞争和信用体系建设，健全知识产权侵权查处机制，将侵权行为纳入社会信用记录；国家发改委、工商总局等部门协同，加快制定公平竞争审查制度，营造良好的创业创新生态。可见，国家就业创业政策对青年大学生提出了明确的创业创新要求，出台了大量促进、扶持和保障大学生创业就业的优惠政策，为大学生创业就业提供了难得的政策保障。因此，大量创新创业政策的出台，体现了党和国家对促进大学生创业就业的要求和期望。由此，大学生就业教育必须结合党和国家的政策要求，及时重构就业教育理念，以推动创业就业、创新创业观念深入人心。

经济发展进入新常态阶段。经济发展进入新常态，是提出"双创"的时代背景。同时，"双创"也成为引领经济新常态的强大引擎。经济发展速度放缓、经济结构优化升级、发展动力切换是经济新常态的三大特征。从这三大特征对大学生就业的影响来看，随着经济发展速度放缓，社会新增就业岗位将总体减少，大学生的就业形势将更加严峻。随着经济结构的优化升级，经济发展将由粗放到集约，由低端到高端，由不平衡不协调到平衡协调转化。由此将会出现许多高新技术产业、现代服务业等新产业、新业态、新经济。区域结构、城乡结构、消费结构等也将深刻调整。经济结构的优化升级也将对大学生的就业观念和就业能力提出新的考验。随着经济发展动力由要素驱动切换为创新驱动，创新驱动发展战略也将对大学生创新创业能力和就业观念提出新的考验。因此，直面经济新常态，唯有通过大众创业、万众创新，将蕴含在人民群众内部的力量激发出来、汇聚起来、释放出来，才能引领我国经济爬坡过坎。青年有担当，民族有希望，要促进大学生就业创业观念与经济新常态相适应，使其承担起"双创"的责任和使命，从现有大学生就业观念与实际行动来看，必须重塑大学生就业教育理念。

"双创"视域下大学生就业创业面临新矛盾。"双创"视域下，随着创业政策的完善和创业环境的优化，在为大学生创业带来难得机遇的同时，也会导致大学生就业面临许多新矛盾。一是生存型就业还是冒险型创业的矛盾。"双创"视域下大学生创业政策支持和创业环境大为改观，但与此同时，随着国家经济发展速度的放缓，就业竞争将会更加残酷。由此，创业环境的优化和就业形势的严峻，对于每一位有志成才的大学生而言，其心理必然会掀起涟漪，就业还是创业，是先就业还是先创业，是坚持"考碗"还是选择冒险创业，成为摆在大学生面前的两难抉择。二是服务基层还是固守发达地区的矛盾。"双创"视域下随着"互联网 + 创业创新"，"一带一路"、城镇化、农业现代化等，基层和中西部地区潜在的巨大发展潜力将被激发，究竟是服务基层、西部更好地实现人生价值和社会价值的统一，还是仍然固守"北上广深"寻找所谓的人生际遇，如何抉择将变得更加焦灼。三是面向传统行业还是面向新兴行业的矛盾。随着经济结构的转型升级，传统行业面临要么被淘汰，要么需转型的问题。在大数据、云计算等新技术的支持下，经济结构转型升级，以节能环保、高端装备制造、信息产业、生物医药、新能源、新材料、现代物流等为代表的新兴行业也会大量涌现。为此，无论选择在何种领域就业或者创业，都在一定程度上增加了大学生的就业矛盾。

## 三、"双创"视域下大学生就业教育理念重构的逻辑要求

"双创"视域下重构大学生就业教育理念要通过转变就业创业观念、提升就业创业能力、促进职业稳定发展的逻辑要求。

转变就业创业观念。转变就业创业观念是重构大学生就业教育理念的基本要求。促进大学生由"就业迈向创业、以创业带动就业"是"双创"的内在要求。这既是推动大学生实现更高质量就业的需要，也是挖掘个人创业创新潜能，汇聚力量发挥"双创"引领经济社会发展的需要。要实现这一行为转变，从当前大学生就业创业意愿来看，智联招聘针对 2016 年应届毕业生的调查显示，"毕业后选择就业的比例为 75.6%，选择创业的比例为 3.1%，选择继续学习的比例为 19.6%，意味着选择创业的比例由 2015 年的 6.3% 降低至 2016 年的 3.1%"。也就是说，虽然创业政策和创业环境明显趋好，但大学生创业的意愿与"双创"预期仍有较大差距。这实际上也反映出目前大学生就业创业观念与"双创"现实要求不相适应。部分大学生仍然固守传统的就业观念，认识不到创业就业、创新创业的发展价值。当然，鼓励创业就业，但因个性差异，并非人人皆可创业；同时，在大众创业、万众创新的舆论氛围下，也要避免创业"随大流"或者"一哄而上"的情况出现。因此，转变大学生就业创业观念，既要鼓励大学生创业就业，也要帮助大学生树立理性就业创业观念，就成为"双创"视域下大学生就业教育面临的重要任务。

提高就业创业能力。就业创业能力是指集就业知识技能与创业基本能力于一体的复合性能力。提高就业创业能力是重构大学生就业教育理念的核心要求。"双创"视域下，经济社会发展对大学生的就业能力结构提出了新的更高要求，大学生不仅要面临就业问题，还要面临创业创新的能力考验；由此，客观上要求提升大学生的就业创业能力。也就是说，为应对"双创"，大学生不仅要具备基本的就业能力以保证顺利就业，还要具备一定的创业能力以便在一定的条件下实现由就业迈向创业。提高就业创业能力，就避免了就业教育单纯传授就业知识技能，创业教育单纯传授创业相关理论知识和能力的倾向，克服了就业教育和创业教育"互不相关"的问题，做到在就业教育中渗透创新意识、创业精神等创业教育相关知识内容，在创业教育中增加职业生涯规划、就业心理健康教育等就业教育内容。这样既能增加大学生的就业竞争力，也能保证大学生在创业活动中更具规划性和提高创业成功率。只有提升大学生的就业创业能力，才能提高大学生的就业质量和培养适应"双创"发展要求的创新创业人才。

促进职业稳定发展。促进职业稳定发展是"双创"视域下重构大学生就业教育理念的

根本要求。实现职业稳定发展意味着个人能够根据自身专长和兴趣进行科学合理的职业选择，并且沿着所选择的职业稳定地、持续地发展，实现完美的职业人生。实际上，没有职业稳定就没有社会稳定和经济发展。但从目前我国大学生职业稳定的情况来看并不理想，根据"中国教育在线新锦程"的相关统计，我国2014届大学专科生、本科生、硕士生毕业半年内离职率分别是48.04%、23.45%、10.77%。社会科学文献出版社出版的"就业蓝皮书"《2016年中国大学生就业报告》也显示，"超四成中国大学生在毕业三年内转行，2015届大学毕业生毕业半年内的离职率为34%，离职的主要原因是个人发展空间不够和薪资福利偏低"。超高的离职率不仅表明了当前大学生职业稳定性较差，同时也表明了当前大学生职业规划的不合理。随着"双创"视域下大学生就业方式、就业结构等的新变化，要长久地维持一份工作将会更加不容易，这无疑又增加了维持职业稳定的难度。因此，这就要求大学生就业教育更加关注大学生职业稳定发展问题，并紧密结合经济社会发展趋势着力于大学生职业生涯规划设计。

## 四、"双创"视域下大学生就业教育理念重构的实践指向

"双创"视域下大学生就业面临的新形势新矛盾，要求大学生就业教育理念也要与时俱进，转变"就业率至上"的就业教育理念，树立服务更高质量就业的理念、树立引导学生规划人生的理念和树立培养创新创业人才的理念。

树立服务更高质量就业的理念。所谓更高质量就业："从宏观层面讲的，主要是指充分的就业机会、公平的就业环境、良好的就业能力、合理的就业结构、和谐的劳动关系等等。"[4]"双创"视域下，创业创新将成为新的常态，以创业带动就业也将成为国家和高校解决大学生就业问题的主要价值导向。创业是就业的一种特殊类型，是就业的最高形式，还是最高质量的就业。实现创业就业，相对于传统的就业，意味着个人的综合素质更高、思想更加开放、能力更加突出等。实现创业所要求的创业精神、创业能力、合作共享理念、创新思维等都是增强个人就业竞争力的核心素质。树立更高质量就业服务的理念，这既与国家的更高质量就业战略相响应，也与"双创"发展要求相契合，更与大学生就业教育的功能相匹配。要实现更高质量就业，就要求大学生就业教育，一是要紧密契合"双创"时代背景，积极迎合时代新变化新要求，转变大学生的保守就业思想观念，并推动实现创业创新。二是转型人才培养目标。大学就业教育也要深入思考"如何培养创新创业人才、怎样培养创新创业人才"的问题，只有从人才培养的高度定位，才能保证培养出的人才既能符合社会要求，又能促进个人职业发展，还能实现更高质量就业。三是教育内容上重在思维能力的培养。"双创"的核心理念是创新，"双创"时代的大学生就业教育要将重心从帮助大学生找到一份工作，转型到维持一份工作和推动职业价值实现上。比如，在择业过程中，要教育大学生具有战略思维，从国家和个人长远发展的视角，选择具有前瞻性的行业就业创业。只有树立服务更高质量就业的理念，才能转变"重量轻质"的教育理念，从而

促进大学生职业稳定发展。

树立引导学生规划人生的理念。规划人生是指从人生发展的角度思考制订生涯规划。实际上，人的一生的三分之二的时间都在从事着特定的职业，而"职业圈"又决定了"生活圈"。可以说，规划职业就是规划人生。推动大众、万众，尤其是数以万计的青年大学生进行创业创新是"双创"最为根本的要求，创业创新是一项对人的能力和素质要求极高的实践活动，如果没有长期的实践磨砺和多方合力的协同，创业创新是不可能成功的。正如新东方教育集团创始人俞敏洪所指出的，鼓励大学生大学期间去创业或者毕业后马上去创业，会带来许多不利因素，如知识储备会削弱、创业失败后心态会失衡等。由此，面对"双创"的热潮，大学生就业教育必须从职业人生发展的高度，做好大学生的就业创业思想教育，避免人生发展的大起大落，甚至一蹶不振等心理问题的出现。树立引导学生规划人生的理念，就需要，一方面，冷静客观地分析"双创"，做到就业创业不冲动、不盲目。对于伴随"双创"出现的就业创业形势新变化、新特点，要客观冷静地分析"双创"的本质要求是什么。要从重视"就业率、创业率"为主的理念转型到加强对大学生创业精神和创业意识的塑造上，为将来创新创业设定"创业遗传密码"上。另一方面，要由职业生涯规划向人生规划转向。在职业生涯规划教育的过程中，做到既要帮助学生规划职业，做好职业选择，更要将这种职业规划与人生发展相结合，在规划职业的同时规划人生。通过做好人生规划教育，避免出现因盲目选择带来的机会成本。

树立培养创新创业人才的理念。培养创新创业人才是"双创"对青年大学生的实质要求。创新创业人才是指具有创新意识、创新精神和创新创业能力的人才。其出发点是创新，落脚点是创业。中介点则是专业教育、就业教育、创新创业教育等的全面协同。树立培养创新创业人才的理念。一方面，这是创新创业教育在高校落地的需要。为推动大众创业、万众创新，国务院专门颁发关于深化高校创新创业教育改革的实施意见。创新创业教育改革说到底就是培养创新创业人才，那么，大学生就业教育作为高等教育系统中的组成部分，其教育理念自然也离不开人才培养。另一方面，树立为创新创业培养人才的理念也是大学生就业教育质量提升的需要。如果说创业是就业的最高形式，是高质量就业的表现；显然，创新创业又是创业的最高形式，是更高质量的就业。要实现创新创业的目标，必须培养创新创业人才。树立培养创新创业人才的理念就要求，一要处理好就业教育与创新创业教育的关系。就业教育主要是教育大学生找到一份工作而实施的教育，或者说是适应性教育；而创新创业教育重在培养创新创业人才，相对于就业教育，具有明显的超越性。两者具有相辅形成的关系，要通过发挥就业教育在培养创新创业人才某些素质方面的作用。二要推动大学生就业教育内容体系的拓展。教育内容是培养人才的"养料"。大学生就业教育要随着目标和任务的改变而改变。因此，为培养创新创业人才，大学生就业教育的内容系列也应进行新的拓展。

# 第三节　协同视域下大学生就业教育

就业一直是重大的社会问题之一，从"二战"之后，风行于整个美国的"凯恩斯"主义，到现在我国的高等教育，都对就业问题极为看重。党的十九大报告曾明确提出，"就业是最大的民生"，正是因为这样，当前大学生的就业问题，必须要政府、企业和高校等各方因素协同努力，构建培养大学生就业能力的合力，只有这样，才能构建起和谐的就业环境和就业关系。

## 一、协同视域下大学生就业教育内容

协同视域下的大学生就业教育，致力于提升大学生的综合素质，其具体教育内容涵盖了以下几个方面：专业教育、职业教育、创业教育和就业指导教育。

### （一）协同视域下的大学生专业教育

专业教育是高等教育的核心，也是高等教育存在的基础。协同视域下的专业教育，不仅是高等教育视域下的专业教育，而且要协同各个方面的关系来进行专业教育。诸如地方本科高校应用型转型下的高等教育，同时应该尽量改变大众的教育观——高学历观。高校可以通过经济策略来调整和提高高等教育的入学门槛，从而使得盲目追求高学历的状况有所改变。与此同时，政府层面应该在一定程度上介入高校专业的设置、调整，对此进行引导性调控，以平衡社会需求与人才培养之间的关系，从而在专业教育质量提升的同时提升大学生就业能力，解决大学生的就业问题。

### （二）协同视域下的大学生职业教育

目前的高等教育，都在一定的程度上与职业教育相挂钩，却不是完善的职业教育。相对于中职、高职教育而言，本科教育的职业教育倾向并没有那么明显，尤其是在实践操作层面有着极大的缺陷。而与职业相关的教育，一般仅局限于职业资格证考试和就业指导教育。正是因为这样，才需要在协同视域下进行大学生职业教育，帮助大学生提高就业能力，确保每一名大学生都能够结合自身专业顺利实现就业。因而大学生职业教育的核心，关键在于提升其就业能力——理论掌握能力与实践操作及岗位实践能力，只有综合能力得到提升，才能真正地实现大学生职业教育的目标。

### （三）协同视域下的大学生创业教育

创业教育是当前高等教育中大力提倡的一种新型教育模式，虽然在一定程度上来说，这一教育模式的出现是由大学生就业形势所激发，却也是创新发展的需要。创新是一个民族发展的灵魂，也是我国由制造大国转向创造大国的需要。从内容上来说，创业教育虽然与专业教育相区别,但二者也有着千丝万缕的联系。我国的创业教育从1997年才开始开设,尽管有着20多年的发展历史,但是创业教育的实际效果却不甚理想。之所以会出现这样的结果,主要是因为创业教育是由单一的教育主体所决定的。当前的大学生创业教育,仅仅是简单地进行创业的宣讲,换言之,创业教育是在"各自为政"的情况下进行的,使其处于十分被动的状态,既不能在专业基础上进行创业教育,又不能与社会发展相联系,更没有将其与市场对人才的实际需求联系起来,导致教育效果不理想。从这一层面分析,创业教育必须要在协同视域下进行,才能取得预期效果。

### (四)协同视域下的大学生就业指导教育

就业指导教育是专注于大学生就业能力、促进大学生顺利就业的指导与服务体系。当前很多院校的就业指导教育,还处于相对滞后的状态,其中的突出表现是未将就业教育与自身专业特点和学生实际结合起来。协同视域下的大学生就业教育,一定要在信息社会的基础上,进行信息传播,以提高大学生就业率。具体来说,院校首先要利用大数据对人才市场进行充分分析,实现就业信息化。除此之外,就业教育还有一个极为重要的核心,即必须要进行大学生自主创业教育,只有这样才能真正地在协同视域下提升大学生就业教育质量。

## 二、协同视域下大学生就业教育的可能

传统教育模式下的大学生就业教育,仅仅关注大学生就业能力的提升,却没有真正在协同视域下来进行就业教育,没有将就业教育与人才市场需求相挂钩,才导致了就业教育质量低下。当前时期,随着社会环境的改变,协同视域下的大学生就业教育成为可能,主要表现在以下三个方面。

### (一)供给侧改革,地方院校的职能转变

供给侧改革是一个全新的经济发展引导理念,旨在优化产业结构,实现资源的最优配置,在这一环节中,创新是最核心的要素。我国目前的就业形势十分严峻,市场转型与市场预期对大学生就业的影响极大,而且社会对大学生的毕业期望越来越高。但是因为教育存在一定的滞后性,使得我国的人才培养目标还未完成转型,导致大学毕业生就业能力偏弱,职业目标模糊,加之求职心态失衡,就业期望过高,导致用人单位的需求与毕业生的能力素质存在极大的差距。因此,供给侧改革理念要求地方院校的职能发生相应转变,要求地方本科院校能够培养出理论知识高于专科生、操作技能也能与专科生相媲美的本科生,提升学生的综合素养,从而解决就业问题。

### (二)大数据时代,人才市场透明化趋势明显

随着高等教育的发展和规模的扩大,我国的高等教育人才就业已经由卖方市场转向了买方市场,因此,院校对人才培养目标必须明确,就业导向必须鲜明,这样才能满足人才

市场的需求。就本质而言，我国的大学生就业问题正是因为这个差距才变得渐趋严峻。随着大数据时代的到来，政府、企业、高校等各方信息，能够通过软件进行有效的收集、分析和筛选，从而提升管理者的决策能力和工作效率，也正是因为这样，才使得协同视域下的大学生就业教育成为可能。

### （三）对创新创业教育的高度重视

创新创业教育受到了高等教育的极大关注，为大学生就业教育注入了新的活力。首先，创新创业教育能够最大限度地提升大学生的求知欲。强烈的求知欲使得大学生能够更为深入地探求专业领域的问题，提升大学生的创新意识和创造能力，提升大学生的就业能力。其次，创新创业教育为大学生提供了更多的实践练习机会。实践练习机会的增多，使得大学生能够更好地弥合专业理论知识和实践操作能力，最大限度地提升自身的实践能力，以增强就业能力。最后，创新创业的过程，本身就是就业的过程。这一举动在无形之中符合了创业带动就业的理念，为更多的大学生提供了就业机会。

## 三、协同视域下大学生就业教育的有效途径

协同视域下的大学生就业教育，关键在于有效整合专业教育、职业教育、创业教育和就业指导教育之间的关系，使得人才培养与人才市场需求之间有效联系，实现大学生的充分就业。

### （一）有的放矢的专业教育

随着信息化时代的到来，信息的精准分析成为可能，这就带来了有的放矢的专业教育，使得岗位能力所需要的专业能力得以提升，增强了专业教育的目的性，大幅度提升大学生就业率。

1. 借助大数据精准分析人才市场需求

订单式的职业教育模式就是基于大数据的精准分析产生的。但是，目前订单式的职业教育模式没有广泛地运用于高等教育之中，尤其是本科教育。高等教育应广泛推广这一模式，充分分析人才市场的需求，做到有的放矢。

2. 基于岗位应用能力开展专业教育

首先，明确岗位应用能力的专业培养目标。订单式培养模式能够让大学生明确自身的职业目标，因而能更为精准地明确专业需要，然后根据这种需要来进行专业教育，以提升大学生的就业能力。其次，明确专业教育的取舍。高等教育，尤其是本科教育，是一种全面的专业教育，但是在岗位应用能力视角下，其不仅要求相应的人才全面掌握相关学科的专业内容，更要有所取舍。以汉语言文学师范专业为例，其所需求的专业能力，仅仅是专业能力的一个方面，因而可以尽可能地减少岗位应用能力之外的专业知识传输，从而能够最大限度地满足岗位的需要，实现大学生就业能力的提升。

## （二）能力导向下的职业教育

正是因为实现了人才的精准培养，才使得高等教育能够紧紧地将高校与企业结合起来，能够在具体的岗位上对大学生进行职业教育，提升岗位实践能力。

1. 顶岗实习机制的建立

在人才培养过程中，院校必须将具体工作内容纳入大学生实践教育教学，提升大学生的就业能力。大学生只有在具体的岗位之中，运用专业知识，才能将专业知识与实践操作能力结合起来，形成运用知识解决岗位所涉及工作问题的能力，在运用的过程中，实现专业知识的内化，实现知行合一的教育教学理念。

2. 专业师资队伍的建设

在高等教育由精英教育向大众教育转变的过程中，我国的高等教育尤其是本科教育有了极大的发展，急速扩招给专业师资队伍带来了极大的压力，一定程度上导致了我国的普通高等教育质量的下降。虽然目前高等教育师资队伍有所发展，队伍正在逐渐强大，但高素质专业师资仍不能满足当前高等教育发展的需要。有鉴于此，院校必须要大力引进高级人才，充实专业教育师资队伍。此外，我国专业教育师资队伍中实践操作师资队伍更为缺乏，以汉语言文学师范专业为例，其实践教学大多在实习阶段进行，主要是学生进入实习单位之后在实习单位教师的带领下进行，这些教师一方面因为具体的职位限制，不能很好地引领大学生参与教育教学；另一方面因为教学任务，导致其不能真正地放手让实习生参与教育教学，限制了大学生实践能力的发展。因此，高校应该建立实习基地，培养实习指导教师，切实让大学生参与到教育教学之中，提升其岗位能力。

## （三）就业为导向的大学生创业教育

创业教育的本质是就业教育，协同视域下的大学生创业教育，应该以就业为导向，在就业的基础上进行创业，深入了解创业领域所涉及的行业及发展趋势。

1. 更新创业教育观念，以就业导向为基础

传统的创业教育，过度关注创业本身的教育，因此，在实际的教育过程中进行的是泛创业教育，这种创业教育方式虽然有不少优点，但也有着无的放矢的缺点，限制了大学生的创业实践。协同视域下的创业教育，要求在传统的就业教育下实现创业教育，其关键在于对大学生创新创业意识的培养，使大学生由被动就业转变成为主动创造岗位就业，以这种方式实现创业带动就业，实现更多的大学生就业。因此，在创业教育过程中，院校必须要明确用人单位的人才需求、用人单位的用人结构和用人单位的发展方向，从而对用人单位能够有全面了解，然后进行人才培养和人才培养目标的设定，以提升大学生的就业能力，从而实现创业教育和创业型人才培养的目标。

2. 整合创业教育资源，拓展创业教育思路

诚如上文所言，协同视域下的大学生创业，关键在于确保大学生顺利就业。就大多数高等教育，尤其是地方院校而言，都有着服务本地经济发展的目标。有鉴于此，院校的创

业教育必须要整合相关的教育资源，实现创业教育本土化。创业教育本土化，应该从以下两个方面来进行：一方面，拓宽创业资金渠道，尽可能为大学生创业提供资金投入，从而使得大学生创业落实在操作层面；另一方面，立足于当地经济发展，深挖本地资源，并将这些丰富的资源运用到创业教育之中，开拓创业教育新思路。

### （四）以职业能力为基础的就业指导教育

就业的关键在于职业能力，但是在以往的就业指导之中，很多时候是过度关注理论培养。协同视域下的就业指导教育，关键在于职业能力的培养，因而必须将理论素养与实践素养结合起来，综合提高学生素质，主要从以下几个方面来进行。

1. 教育内容的"三三三"制职业能力培养模式

就业指导教育，注重对学生职业能力的培养，因而对教育内容的安排，必须要践行"三三三"制教育模式。首先，要利用三分之一的时间来进行就业指导理论学习，从而确保学生具备一定的理论功底，并能够借助这些理论指导自身的实习发展。其次，要利用三分之一的时间来进行实践学习和具体操作，促进学生自身理论知识与实践技能的融合，从而提升职业能力。最后，利用三分之一的时间进行实战训练。实践操作，毕竟是一个模拟的过程，这个过程与具体的岗位情况依旧存在差距，因而，学生必须要深入具体的岗位，进行实战训练，这样才能真正提升职业能力。

2. 师资队伍的"三三三"制构建模式

在很多院校的师资队伍中，就业指导师资队伍不尽完善，而职业能力的提升，必须要依靠完善的就业指导教育师资队伍，即理论型教师师资队伍，应该占所有师资队伍的三分之一；而在实践教学之中，就业指导教师比重也必须占师资队伍的三分之一，帮助完善学生的实践经验、提升实践操作能力；在具体的岗位实战之中，也必须有三分之一的师资来进行相关的演示和带领，从而提升大学生的应变能力。只有使师资队伍构成形成如上所述的"三三三"制模式，才能最终提升大学生的职业能力。

3. 教学场景的"三三三"制职业能力提升模式

传统的就业指导教育，主要是在课堂教学中进行的，这种教学模式过于单一，不能满足职业能力提升的需要，因而必须丰富教学场景，将课堂教学、实践操作和岗位操作三种场景有效结合，并合理安排时间，做到课堂教学时间三分之一、实践模拟实践三分之一、岗位操作时间三分之一，这样才能全方位地提升大学生的职业能力。

# 第四节　"微时代"大学生就业教育的思考

微时代不仅带来信息传递方式的改变，更提供一种思维方式和工作模式的变化，将"微"理念与大学生就业教育的微观动态需求相结合，能更好地促进就业教育的开展，提高就业教育的针对性和实效性，为学生提供更人性化的服务，助推大学生实现个性化就业，解决大学生就业"过剩"与"短缺"的矛盾，提高就业质量。

## 一、微时代的特点

微时代信息的传播速度更快、传播的内容更具冲击力和震撼力。信息内容与数量异常丰富，以流动、瞬时、扁平化的方式传播。微时代以迅速多样化的形式颠覆了传统的信息传递方式，现在学生获取信息只需要移动鼠标或按下手机按键就能查到所需要的信息资料，信息传递方式也从书信、邮件、广播等媒体发展到更为便捷、灵活、迅速的微博、微信等方式。

微时代促使网络微群体出现，并且形成活跃持久的亚文化集合。一些具有共同爱好的好友形成微群，这样的团体集合具有独立性，形成自己的表达沟通方式和分享各种信息的平台。一个人分享了另一个人的观点，更多的人看到之后继续分享给其他人。通过这样不断的分享，就可以实现群体决定，形成一种特色的微文化群体。

微博的出现是微时代最显著的特征，它打通了固定互联网和移动互联网之间的限制，使信息传播速度更便捷更迅速，传播方式具有互动性，聚合了一对一、多对一、多对多等形式，实现了一种真正意义上的双向互动传播，通过链接，其内容都可以有丰富的延伸，给使用者简便阅读体验和自由度，同时提供多元、多层次和多角度的扩展性能。

微博突破了 QQ、飞信、短信平台、邮件等方式在人数、网络平台、时效性等方面的限制，能向学生及时有效全面地提供就业信息，提高了工作效率和效果。另外，通过就业微博，学生可以与教师、用人单位进行实时性、互动性交流，就业微博能提供就业政策、供需信息、就业评论、新闻，表达就业见解，实现就业主客体之间的交流。同时，就业微博还是进行就业思想教育的新平台。

2011 年以来，江苏省人力资源和社会保障厅与中国移动江苏公司合作，在全国率先开发出了新型公共就业服务平台——"就业 e 图"，2013 年北京邮电大学就业工作通过网络信息平台，简化了毕业生就业流程，完成了"毕业生—学校—用人单位"的无缝对接，深受用人单位和学生的欢迎。微时代要求对学生进行有针对性的指导和个性化的服务，提供立体化指导和就业服务，信息的传递应根据学生实际需求和就业方向进行分类，以免学生盲目地接受；同时，以学生喜欢的交流平台传递就业信息，使学生能随时随地查询到就业信息、就业指导，解决就业疑惑，分享就业经验，形成随时教育及时反馈的动态体系。

## 二、就业教育模式的"微革命"

微观模式的改变如能贯穿就业教育的每一阶段，就能够在学生毕业时凸显出效果，促进学生就业，这既需要宏观的"大革命"也需要"微革命"，由"微信息""微交流"和"微体系"共同推动"微革命"。国外一些大学从学生学习微观设计到微个体全员参与共同推动了学生就业的"微革命"。一些微观制度的改变和细化程度是值得借鉴的。

美国大学生在大一一年级就开始接受职业教育，了解就业状况；大二开始结合性格、兴趣和专长选择专业；大三了解雇主资料和市场需求，参加社会实践和招聘会；大四写求职信，学习求职要领和面试技巧等专门技能。政府、学校、社会团体、用人单位和大学教授也大力参与到大学生就业过程中，起到重要的指导作用。

微时代针对微群体开展就业教育具有重要意义。加拿大"合作教育课程"是高等院校普遍实行的一种企业和学校合作的教育模式，它将教学和实践紧密结合，学以致用，相互促进，为用人单位创造了提前发现和培养适合本单位所需人才的机会，也为能力出众的学生打造了就业的"直通车"。

俄罗斯公司与大学合作直接从学校选拔人才，让大学高年级学生到公司实习，进行双向选择。大公司挑选人才主要通过：一是直接挑选，约见面谈；二是向高年级学生提供通常是几个月到一年的实习机会；三是采取"优中选优"的方式，搞一些竞赛活动，从中选出最优秀的人才进行重点培养 [6]。

微时代为就业教育提供了更多的途径，也提示高校应更加细化、更为系统地指导学生，从细微处着手进行有针对性的培养。就业教育不再是某一个部门的事，高校、政府和企业应更加注重合作互通，共同培养符合社会需求的毕业生，达到共赢的目的。高校学生就业教育是每个"微"单元在长期的努力中形成合力的过程，学生"微个体"在"微动力"的长期作用下，才会在毕业时提高就业率和就业质量。

## 三、微时代的"微群体"给就业教育的启示

微时代信息传递模式的改变促使了微群体的产生。在微群体中，学生以共同的兴趣爱好、价值观等为纽带，形成一个立体的"微系统"。这样的小群体分享某种信息的速度要比在其他群体中快，也更容易被接受。因为他们有着某种共同点，存在交流和认同的基础，有共同认同感的信息或价值观念是微系统内成员交流的工具载体，又是促进该群体内成员发生内在认知变化的结构基础，这些信息的传递和认同是维系微系统的纽带。微系统内，学生以共同或相似的学习生活环境、价值观念、职业规划或兴趣爱好，在相互交往过程中能独立地进行信息、技能及价值观的交流，相互影响。

法国多数高校安排的实习时间为 6 个月，甚至达 9 个多月。有一种"带薪大学生"，他们只要按照课程要求拿足学分，在时间允许的情况下就可以兼职。这类大学生毕业后更容易找到工作。

微时代为利用微群体进行个性化就业教育提供了新思路。以微群体为单元建立有效、及时、畅通、立体、真实连接学生学习生活的各个阶段和各种平台，形成一种开放的、动态的、持续的、有机的、有针对性的立体化就业教育信息系统，让学生能在入学到毕业的整个过程中潜移默化地接受职业、就业、择业教育，接受技能、专业、技巧、技术的学习

与训练，了解外界信息，在信息的流动与变化中与外界不断产生碰撞和互换，反馈学生自身的学习状况。这样的教育方法也使学生从被动"接受型"向多维的"探究型"转变，形成以"自主学习"为主，能激发学生思考和学习动力的微生态环境，从而让学生形成自己的职业观、择业观和就业观。

弥补宏观政策的不足。政策和导向是面向全体毕业生的，具有共性，也比较宽泛。不同学生的学习轨迹不同，就业特质也不同，只有在宏观政策下对个体进行就业教育，才能保证就业教育的微观效果。微群体的划分能使教育指导具体化，能明确实际问题和需求，提出有针对性、有效性的解决方案，有利于宏观指导在微观系统内的有效实施，弥补宏观教育的不足。

有利于开展有针对性的就业教育，助推学生个性化就业。微群体可以使就业教育更有针对性和实效性。现在大学就业教育绝大多数以集体上课培训为主，这样只能起到大方向的引导作用，不能解决个体的疑惑。微群体有着相同的爱好和动机，对他们进行有针对性的就业指导能更有效，目的更明确，信息传递更快，操作起来更简单易行，资源利用更有效。学校也可以根据学生需求整合资源，突出就业特点和特质，培养特殊技能人才，提高学生就业的可靠性，为学生成长成才和发展量身打造适合其自身发展的就业指导。

尊重个体差异性和特殊性。有针对性的就业指导为学生个性差异化的就业选择提供了保障。为实现有针对性的就业指导就要对学生进行分类，使学生根据家庭、社会、自我价值追求等多方面的影响因素选择适合自己的就业方向和就业途径，这就要求学生具有一定共性。例如，家庭经济贫困学生、科研学术能力强的学生、有创业想法的学生、追求工作稳定的学生、有实习实践经验的学生等等。针对不同群体的特征结合学生就业价值取向进行指导，更容易让学生接受并取得预期的效果，从而提高就业的质量和数量。

## 四、微时代的"长尾"特征给就业教育的启示

微时代信息传播的扁平化趋势更加明显，信息传播更加便捷、高效、平民化。人人参与决策，并成为传播活动的主体，使得传播的长尾效果更加明显。这些相对独立的交流空间如果不加以正确指导，就会成为某些学生逃避就业或孤立于群体之外的特例，相对独立的信息空间也容易造成垃圾信息的堆积，使得部分学生产生盲目的自信和故步自封，难以获取其他有利的信息。

因此在尽可能规避这些弊端的前提下，就业教育指导老师或班级辅导员应该对学生进行大致的分类，结合学生特点进行就业指导，提供适合学生个人的就业套餐，这在班级或微群体中是可行的。就业教育应避免把工作精力主要放在"两头"，即较多关注品学兼优或学习拔尖的学生和问题学生，而极少关注中间的那部分；因为正是中间的那部分将来会成为就业的主力军。

对微群体就业态势的把握和指导能帮助个体很快了解就业信息，分享就业经验，从而

提高就业能力，实现顺利就业。以微群体为单位进行就业指导，根据个性化差异来决定就业指导的内容，这是取得较好成效的前提，也是宏观理论和政策在微观作用上的着力点。安徽农业大学的"青年农场主计划""创新实践班""生泰尔班""科大讯飞创业项目""卓越农艺师计划"和廊坊师范学院"信息技术提高班"等微群体个性化培养都为学生创造了很好的职业指导和创业能力培养的平台。因此学校应尽可能地创造条件，满足更多微群体的需求，开展灵活多样，满足不同爱好者的创新创业类活动，在"授之以欲，授之以愉，授之以渔"的教育中激发学生内在的动力和学习热情，鼓励学生创建与自己兴趣爱好相结合的创业就业团队或新兴社团，关注"小众文化"，拓宽创业就业活动的参与面和受益面，把素质和职业能力的双向提高转化为就业能力和竞争力。

"目前，新浪微博大学生用户突破 3 000 万，高校日使用用户超过 1 000 万。"以微博使用为主要特征的微时代不仅为高校就业教育提供了新渠道，也逐渐开始成为企业招聘"零成本"的新宠，"微招聘""微简历""微求职"等一系列新名词也盛行网络。

微时代在改变信息传播方式的同时，更多的是改变了人们的思维方式。对高校就业教育来说，也应从宏观相对粗放的模式化培养变革为微观特色人才培养，没有这些微观变化就没有竞争力和就业质量的保证。

微时代催生出很多新的就业途径和新职业，如"微博营销师""微博运行员""微博编辑""网店策划""色彩搭配师""旅行体验师"等等，它们在不断改变着易于接受新事物的青年大学生的思想和就业方式，高校就业教育也应做出相应的改变。另外，受教育者也是教育的主体，传统意义上绝对的主客体对立的关系在逐渐淡化，更多的是趋向统一，学生应能在不同的途径反馈这种主体需求，并得到满足。对学生的就业教育不能局限于传统的大班授课模式，而应是多点互动，长期跟进，联合互助的模式，不能忽视任何微观因素的影响。

微时代不仅要求高校有就业教育微博平台和专职团队，而且要求高校更多地把"微"意识融入人才培养和就业教育中去。对企业要求、社会发展、学生特点等有翔实的掌握，整合高校、政府和用人单位的教育资源，对就业教育有系统科学的设计和微观精细化的梳理，只有提供立体网络化的锻炼，才能培养出具有创新能力且与用人单位需求相匹配的复合型人才，这样才能疏通高校人才培养"过剩"与企业需求"短缺"之间的瓶颈，从而提高人才竞争力。

# 第五节　后金融危机时期大学生就业教育

2009 年以来，由金融危机的肆意破坏所导致的恶劣经济态势得到了相应控制，全球经济开始出现复苏性增长的趋势，世界各经济体逐渐进入"后金融危机时期"。所谓后金融危机时期，是指金融危机渐渐过去，但其影响依然存在；世界经济慢慢复苏，但其增长比较缓慢且容易出现波动的时期。后金融危机时期，由于导致金融危机的因素还在影响，各种经济刺激措施又引来新的隐患，使得全球就业形势仍然面临着巨大挑战。按照以往金融危机的经验，就业形势要想恢复到危机前的水平需要经济复苏后4~5年的时间，大学生所面临的就业形势依然很严峻。另外，由于社会经济转型升级，其对人才的需求也发生变化，但很多高校对目前的大学生就业形势和人才需求变化认识不足，没能及时调整人才培养模式。因此，根据后金融危机时期的社会经济需求变化，分析大学生就业面临的挑战，构建相应的职业生涯规划教育体系，对于高校及时调整和改革人才培养模式，提高大学生综合素质和就业竞争力等都有重要的意义。

## 一、直面挑战：后金融危机时期的大学生就业教育

后金融危机时期，国内外经济形势虽然有所好转，但经济复苏还需要一个很长的过程，经济形势仍然波动不定，大学生就业面临着来自各方面的挑战。

### （一）市场对人才的要求更为苛刻

我国在应对金融危机、推动经济复苏的过程中，为了推动产业结构和经济增长模式的重大变革，必然会对本国的经济结构进行调整。随着经济的发展，拉动内需、开发新能源、大力发展低碳产业、大幅度提高自主创新能力、提升自主创新产业在国民经济中的比重等，将成为推动产业结构调整、转变经济增长模式、加强产业国际竞争力、提高资源利用率、保护生态环境、实现可持续发展的重要内容。这些将要求学校向企业输送更多接受过良好教育、具有更高技术能力的优秀人才。企业对人才的需求将更为苛刻，要求应聘者应具备如下人才类型的要求：一是高层次专业人才。中小企业的转型，将需要能够成为领导研发小组进行产品研发的技术骨干，并具备管理能力的高端型人才。二是复合型人才。企业在兼并和重组过程中，为了节约成本和提高效率，会让员工兼任更多的岗位和任务，需要应聘者满足一专多能的复合型人才要求。三是国际型人才。国外公司为降低人力成本缩短开发周期，将部分工作交由其他公司完成，需要应聘者满足既掌握专业技术，又具备外语交流能力的国际型人才要求。四是实践型人才。企业为了摆脱困境，需要应聘者成为能够开拓市场或研发产品的实战型人才。

### （二）大学毕业生人数持续递增，就业形势更加严峻

金融危机爆发以来，虽然中国政府齐抓共管，及时果断地采用扩张的财政政策和宽松的货币政策以及产业调整与推进就业政策等，有力地推动了社会经济的增长，创造了中国经济在金融危机时期举世瞩目的快速增长局面。但是，因我国经济增速仍低于金融危机前水平，危机后各种"隐患"依然存在，落实政策也要花费一定时间，就业形势在短期内很难好转。国际劳工组织总干事胡安·索马维亚指出，相对于经济的全面恢复，就业率通常需要多花4~5年的时间才能恢复到危机前的水平，而由金融危机带来的就业和社会保障危机将会持续6~8年之久。另外，自1999年我国普通高校扩招以来，大学毕业生人数

年年增长。据凤凰教育网报道，2011 年我国大学毕业生人数达 660 万，比 2010 年多出 30 万；2012 年我国应届大学毕业生人数已突破 680 万，创历史高峰。因此，后金融危机时期大学生的就业形势将更加严峻。

### （三）大学生就业结构性矛盾进一步加剧

金融风暴后的严峻形势使得大学生就业的结构性矛盾更加凸显。由于很多高校的专业设置和课程设置缺乏科学预测和规划，盲目追逐所谓的"热门"专业，学生培养趋同现象严重，毕业生产出与市场需求脱钩，严重制约了大学生的就业路径。在金融危机过后的就业寒冬里，大众心中的名牌学校就业率未必就高，一些冷专业毕业生往往比所谓的"热门"专业的毕业生更容易找到工作。一些低技能岗位供不应求，求职者甚多，而有些高技能人才紧缺、岗位空缺，找不到相应专业的毕业生。这种大学生就业的结构性矛盾早就存在，后金融危机时期工作岗位需求缩减及部分行业的不景气显然加剧了这种矛盾。

## 二、应对挑战：后金融危机时期大学生就业教育改革

高校应针对后金融危机时代特征和目前严峻的就业形势，及时建立和完善具备教育服务、实践教育、就业指导等多功能的大学生就业教育体系，为大学生确定正确的职业目标、提高职业竞争力创造良好的条件。

### （一）建立符合市场需求的全程就业教育服务体系

根据就业市场的人才需求变化，构建符合市场需求的全程就业教育服务体系。根据教育部下发的《大学生职业发展与就业指导课程教学要求》文件精神，大学生职业生涯规划教育不能仅针对应届毕业生，而应贯穿于大学生从入学到毕业的整个教学与实践过程中。后金融危机时期，高校应不断完善就业教育体系，可按学生入学初期、学习探讨期和决策期三个时段来划分大学生职业生涯教育的过程，开展针对各时段的就业教育活动。在整个大学的学习生活中，根据大学生的不同年级、专业、社会环境和就业形势等来进行有针对性的职业指导；努力整合各种教育资源，创设不同工作和实践环境，为大学生成功就业提供全程指导与教育服务，使他们在日常学习活动中能更好地认识自我、超越自我，迅速掌握就业技能，满足市场所需。

当然，由于学生个体情况的不同，大学生全程就业教育服务应兼顾个性化要求。虽然课程教育能起到普及理论知识的作用，但不同个体的职业定位和职业方向的选择还需要个性化的辅导和咨询。特别是在后金融危机时期，加强大学生就业教育服务咨询体系建设，引导大学生认清自我及目前所面临的严峻就业形势尤为必要。高校可在就业服务中心或心理健康咨询中心设立职业生涯规划指导咨询室，邀请经验丰富的专业教师担任咨询师，接受大学生的个别咨询。对大学生面临的普遍性就业问题，高校可通过组织各种工作坊和团体咨询的方式，增强大学生的职业认知和职业体验。另外，还可实行就业导师制，或针对特定学生群体举办职业训练营等，帮助广大学生科学有效地规划自己的未来，使其在大学

期间自觉探寻和规划自己的职业方向，并用职业要求和规范来安排自己的学业和生活，让大学生活变得更加"职业化"。

### （二）加强实践教育，提高学生就业竞争力

针对近年大学毕业人数激增、就业形势更加严峻的状况，高校需要加强实践教育，提高学生的就业竞争力。后金融危机时期，由于企业面临生存危机的考验，为了提高企业人员素质，节省培训成本，企业大多要求高校提供的毕业生是"成品"——能招之即用的，而非"半成品"——仍需继续培训的。这就提出了一个新的挑战：我国高校的就业教育能否适应这一新的变化？如何满足这种看似"不合理"的要求？方法大概只有一个：那就是高校必须加强实践教育，以应对企业比过去更为苛刻的用人要求。

首先，实践性原则应贯彻就业教育的始终。立足于后金融危机时代的社会实情与个体需求来开展职业生涯规划教育，避免出现纯理论化和抽象化的就业教育，高校的课程应以解决学生个人的发展问题和解决就业的实际要求相结合为主要任务。要充分整合各种教育资源，开展形式多样的课内外就业教育实践活动，通过各种方式为大学生职业生涯规划实践教育搭建更多平台，创造多种机会。如鼓励大学生参加见习、顶岗实习，开展校企合作项目管理等；指导大学生建立和参加各种社团，如大学生职业生涯规划协会、大学生职业生涯辅导站、校企合作俱乐部、校企交流协会等；鼓励大学生利用闲暇时间做社会兼职、勤工俭学、志愿者服务等等。其次，要加强实践教学，重视课程内容的实用性及丰富性。可通过引导学生进行职业生涯规划、分析典型案例、分享成功校友经验、模拟现场面试等形式，让学生深入了解专业、职业及行业；在教学方法及手段方面，尽量采用小班体验式教学，充分利用多媒体技术及学校的实训设备与场所，使理论知识与社会实践相结合，做到知行合一；在考核形式方面，可将形成性评价与总结性评价相结合，考试与考查相结合，不仅注重大学生的学习感受，更要关注大学生的学习所得。

### （三）加强就业指导，引导学生理性就业

针对大学生就业结构性矛盾进一步加剧的现实，高校应加强就业指导，引导学生理性就业。首先，要打造一批高素质的专业职业指导师资力量，这是做好大学生就业教育工作的关键。大学生职业生涯规划教育工作具有较强的专业性，要求从事该项工作的教师应具备深厚的职业生涯规划专业知识和开阔的就业教育视野，审时度势，与时俱进。另外，还需具备经济学、教育学、心理学和社会学等方面的知识和良好的知识运用能力。高校应根据本校的实际情况来招聘、选拔和培养相应的师资力量。可通过招聘这方面专业的毕业生，或在校内选拔一些具备从事该项工作条件和基础的教职工，以派出学习或校内培训等方式，组建一支高素质的大学生就业指导教育师资队伍。其次，要引导学生理性就业。帮助学生树立正确的择业观，在平凡的岗位上立志建功立业。要让学生懂得"条条大路通罗马"的道理。只要干一行，爱一行，专一行，无论在哪里，做什么，都可能会大有作为。高校应根据本校的具体情况和职业生涯规划教育的目标要求，合理设置教育课程，建立一套完整

的职业生涯规划教育课程体系，并结合后金融危机时代社会的人才需求，从全人教育和终身教育出发，帮助学生更好地了解社会需求、职场态势和个人特性，明确职业发展的方向和目标，做出合理的职业生涯规划。引导学生在实现个人抱负和社会理想相结合的基础上，愿意投身老少边穷地区合理就业，解决和平衡当前我国各地区人才分布不均和结构失调的现象。

总之，后金融危机时期，由于经济转型升级，整个社会就业环境在不断变化，企业的用人观念也在发生改变。高校就业教育也应随之进行改革，只有如此，高校大学生才能在激烈的市场竞争中脱颖而出，我国高等教育也才可能在与社会经济的协调互动中，迎来蓬勃发展的春天。

# 第六节　基于和谐理论的大学生就业教育

"和谐管理"理论是我国著名管理学者席西民于 1987 年首次提出的，和谐管理的基本思想就是如何在各个子系统中形成一种和谐状态，从而达到整体和谐的目的。和谐机制在很大程度上与效率是一致的。和谐管理理论提出了"协同力场"和"促协力场"两场的概念模型。协同力场是由组织机能、人的精神、道德、行为习惯和系统文化等构成的一种无形的内部环境；促协力场是作用于协同力场产生影响的系统外部环境，是一种无形的规范。

当前的大学生就业问题，与和谐管理理论所力图解决的问题很相似，两者都必须在外部环境和内部自身管理方法的不确定性条件下，促使失衡的系统由不和谐逐步趋近和谐的状态。因而运用和谐管理理论来研讨当前的大学生就业教育体系构建和机制问题，具有重要的理论价值和实际意义。本节探讨的和谐就业教育体系应至少达到两个功能和目的，一是通过对大学生的就业教育，帮助学生和谐全面发展；二是体系内外各环节相互协调，运行顺畅高效，保证高校毕业生充分就业。

## 一、基于协同力场模型，构建高校和谐就业教育体系

设立和谐的就业教育组织管理机构。"协同力场"中的"组织机能"是指就业教育体系的组织管理机构。管理是一个单位、一个系统高效运行的指挥中枢，要促进就业教育工作规范高效开展，必须建立自身特有的就业教育组织管理机构。本体系组织管理机制要求建立和实行"一把手"工程，构建三级管理机构。成立学校就业教育工作领导小组，统一领导全校就业教育工作，校长书记任组长；设立学校大学生就业教育中心，全面组织和具体实施学校学生就业教育工作；各院（系）成立院（系）级就业指导中心或就业教育工作小组，配合领导小组和校指导中心工作，促使学生就业教育工作更加深入实施开展；各班级设立班级就业小组，落实校院级就业指导部门安排的具体工作。通过校、院（系）、班

级三级就业教育网络，为大学生提供全方位、深层次、个性化的就业教育服务。

形成和谐的就业教育核心理念。"协同力场"中的"人的精神、道德"运用到就业教育体系中可以理解为"理念"，在学生就业教育中，要树立"全员"和"全程"的观点，形成人人关心参与就业教育，学生受到全程全方位的就业教育，进而将"全员观"和"全程观"提到整个学校就业教育理念层面上，通过这种理念统领整个就业教育工作，促使就业教育在整个高校内达到相对和谐。

全员教育是指学校的广大教职员工都非常重视关心学生就业工作，并以各种方式参与大学生就业教育，形成一种自觉行为。首先，领导高度重视就业教育工作，应充分认识到就业教育工作是学校教育的重要组成部分，它不仅是高校相关职能部门人员的责任，更应该是全体教职员工的责任。教师是就业教育工作中不可忽视的生力军，可以将就业教育贯穿于教学过程之中。除就业教育专兼职工作队伍外，就业教育还需要其他广大教职员工的支持。形成人人关心学生就业，人人参与学生就业的局面。

全程教育就是要确立就业教育工作贯穿学生教育的全过程，而不是学生临近毕业或择业时开展的临时性工作。树立就业教育的全程观，必须使就业教育工作与学生的职业发展愿望相结合，与学校的培养目标相结合，与市场的需求相结合。重视学生的学业和职业生涯规划，大学生的就业教育其实就是人的职业生涯规划的一个阶段，要根据学生四年各阶段的主要任务，合理安排学生就业教育的内容。新生进入大学一年级，就让他们进入职业探索期，通过一系列的报告、讲座、讨论等形式对他们的职业理想和就业观念进行教育，使他们认识大学的意义、特点，认识专业的特点以及适应的职业，尝试性地进行职业生涯规划；进入大学二年级，是学生成长发展期，帮助学生在分析自身的优势和劣势以后，进行自我完善和塑造，巩固和拓宽自己的知识，锻炼各方面的能力，培养综合素质，获得各种资信，进而确认职业目标；进入大学三年级，就进入继续发展和巩固阶段，通过社会实践、调查研究、情境模拟以及一系列的报告和讲座，培养和发展与其职业目标相一致的素质优势和技能；进入大学四年级，就对毕业生进行包装，进行政策法规的教育，培养他们面试的技巧和技能、礼仪礼节，进行职业倾向测定。

建立和谐的就业教育运行机制。"协同力场"中的"行为习惯"可理解为就业教育体系中的运行机制，笔者认为主要有三个方面：

完善就业教育教学机制。就业教育教学是一门完整的教育体系，需要完整的教学师资队伍、课程体系和教学管理。根据就业教育的实践性较强的特点，建立一支专兼职相结合的教师队伍较为合适。一是选拔有一定专业知识，具有高度敬业精神，服务意识强的同志专职从事毕业生就业教育工作；引进部分接受过就业教育的老师或培养部分现有老师作为专职教师。二是聘讲授就业教育、职业生涯规划、创业学、KAB、法学等老师作为兼职教师；团员干部可负责就业教育管理服务等工作。三是邀请成功校友、知名企业家、职业生涯规划师及社会就业教育机构工作人员等作为就业导师。

在就业教育课程设计上，应围绕《就业教育课》，建立重视学生职业生涯规划、学业教育、择业教育及创业教育的课程体系，从传统的教育学生被动等待就业岗位，转移到对自己学业和职业生涯进行规划，选择适合自己职业和岗位，甚至去尝试创业，带动他人就业。

就业教育教学管理上，应成立就业教育教学教研室，开展就业教育教学相关内容、运行规律研究，帮助建立具体的就业教育课程；就业教育中心协调教务处统一安排课程和授课教师，通过教学期中、期末评估控制教学质量。

建立就业教育激励机制。激励是西方行为科学和管理科学中的一个重要概念，是激发人的积极性、主动性、创造性的重要内容。要关心和支持就业教育人员的工作，面向校、院两级就业教育人员及单位建立激励机制。就业教育工作是一项既重要又辛苦的工作，各级领导不仅要加大对就业教育工作的领导力度，更要关心和支持就业教育人员，使他们的工作得到大家的认可，得到应有的利益体现，在教师年度业绩考核中向参与就业教育工作的教师倾斜，激发广大师生参与就业教育工作的热情。各学院也要建立自己的就业教育激励机制，确实在学校形成校院二级激励体制和机制，确保就业教育激励政策的制度化。通过建立并实施激励机制，形成领导重视就业、教师关心就业、学生工作队伍服务就业的良好局面。

健全就业教育评估与反馈机制。高校必须建立校内毕业生就业工作评估和反馈机制，形成上能评估，下能反馈的就业教育体系。首先，学校应组织专家和相关人员，制定学校就业工作评估指标体系，来教育各部门开展就业评估前期各项准备工作，评估内容包括就业队伍建设、就业教育、就业服务、就业市场开拓、就业理论研究、就业率等多个方面。通过就业工作评估机制的建立和实施，对二级院系的就业工作起到促进、激励作用，达到以评促改、以评促建的目的。

其次，加强对毕业生的跟踪调查，建立毕业生信息反馈制度。通过对毕业生就业情况的追踪，及时了解社会对学校的认可程度，用人单位对学生培养质量的评价，各专业毕业生的就业率及就业去向，从而对学校的专业及课程设置、人才培养质量及毕业生就业工作的总体状况进行客观的评估及监控，找出影响毕业生就业率及就业质量提高的关键性问题，并及时向学校领导决策层、有关职能部门和各院（系）反馈，以利于及时纠偏，克服招生、培养工作脱离市场的倾向，达到合理招生、提高人才培养质量、满足社会需求、增强学校综合办学实力的目的。

制定和谐的就业教育政策。"协同力场"中的"系统文化"在就业教育体系中可理解为"政策"。这里"政策"是指高校以纲领性最高效力的文件，规定高校就业教育在一定时间内，应该达到的学生就业教育目标，遵循的就业教育原则，需要完成的阶段性任务，所采用的工作方式以及具体步骤和措施。即高校的就业教育组织管理机构充分发挥组织机能，以学校最高文件的形式，确立学生充分就业是学校的核心任务，是就业教育的最终目标；将"全员"和"全程"教育作为就业教育原则，并上升到理念层面；明确各阶段任务，制定具体的实现步骤和措施，促使对就业教育的认识和就业教育行为高度统一，做好学生的就业教育工作，确保学生充分就业。

## 二、借鉴促协力场模型，促使校内就业教育体系与外部环境相和谐

"促协力场"是指对高校就业教育体系产生作用和影响的外部环境。大学生就业是一项复杂的社会系统，除学校外，还有政府、社会、用人单位等基本环节，建立学校与政府、社会、用人单位等相互配合、相互和谐的就业体制是解决学生就业难的关键，需要根据各环节的作用和职能，采取不同对策，保证与各环节配合得当，使高校就业教育体系与各关联方都能推动体系本身的有效运行，达到体系内外和谐状态，才能让更多学生顺利充分就业。

重视理解国家政策，发挥政府部门和中介机构作用。高校应正确理解国家政策和要求，促使学校配套政策的出台，统一教育学校的就业教育工作；大学生就业相关政府部门拥有或掌握丰富的就业相关资源，高校必须与他们建立密切联系，最大限度地利用这些资源。还要充分利用社会人才中介机构，将教育与市场紧密联系起来，使就业教育工作有效进行。

充分发挥高校在学生就业中的桥梁作用。高校应完善就业教育信息系统，为毕业生择业和用人单位招聘提供可靠、快捷的信息服务，满足大学毕业生和用人单位双重"客户"需求；将社会各界中用人单位的人事主管部门，特别是人事部门及企业人力资源部门的人员作为就业教育工作的主要依靠力量。通过职业规划教育、信息传递、平台搭建、就业营销等途径，高校在毕业生和用人单位之间发挥中介作用，实现供需有效对接，为毕业生提供高质量的就业教育服务。高校要与用人单位建立长期的合作关系，通过建立实习基地等形式，定期邀请企业人力资源主管进行情景模拟、咨询等。

建立与校友和学生家庭联系，发挥校友和家庭教育作用。为就业做好全方位的准备，并在就业教育工作中，形成回访制度，通过对毕业生进行跟踪调查，听取他们对就业教育工作的意见和建议，也可以通过已毕业的学生所在的企业到母校来教育、接收毕业生。通过与家庭密切联系，建立学生的详细档案，可以根据学生档案对学生进行分类，有针对性地进行就业教育，特别是增强对家庭困难、女生等就业困难群体就业教育的针对性。

任何事情都不是独立存在的，复杂的就业教育体系更是这样，本节基于协同力场和促协力场模型建立内部相对和谐，与外界环境达到相互协调状态的高校就业教育体系，有助于高校更灵敏地掌握就业信息和社会需求，加强对毕业生的就业教育，有效提高就业数量和质量，实现毕业生充分就业；有助于高校与用人单位保持顺畅的信息交流和沟通，及时满足用人单位的用人需求，促进用人单位人力资源的高效化和规范化；有助于促进构建一体化的社会就业体系。

# 第三章　职业素养提升

## 第一节　专业技能

职业教育本质特征的两个重要方面，就是围绕技能型人才来确立职业教育的培养目标和人才培养模式。随着科学技术的迅猛发展，各类职业对从业者专业技能的要求越来越高。从业者既要具备扎实的基础知识，又要具备精湛的专业知识和技能，这样才能更好地打造个人的核心竞争力。

### 一、专业技能概述

#### （一）专业技能的含义

专业技能是指将所掌握的专业理论知识综合地运用于实践的能力。作为用人单位招聘大学生考察的第一项内容，专业技能水平的高低是大学生求职就业成功与否的首要因素。因此，熟练掌握与自己职业目标相关的专业知识和专业技能，在质、量上都要达到相关职业的要求，是大学生提升职业素养的重要内容。

#### （二）专业知识与专业技能的关系

专业知识指理论知识，专业技能指实际操作能力。知识学习是技能养成的基础，知识越丰富，越有利于接受新事物，越有利于提高综合分析和判断解决问题的能力。但是，知识学习绝不能代替技能的训练，熟练的技能一定要在长期不断的训练和实践中才能获得。技能很大程度上受后天的学习与实践因素的影响，专业技能是可以通过强化训练而在短期内提高的，但是也会由于遗忘而丧失。不同的职业、不同的岗位，对技能的要求是不同的。例如，管理人员应具备的是从事管理的一般能力，如数量关系、判断推理、常识判断、言语理解与表达、资料分析等。同时，还要求其有一定的领导理论、办公规则、工作惯例，对时事有透彻的理解。值得注意的是，这里所要求的技能，主要表现为将知识经验转化为工作能力的程度，以及运用知识经验的程度。

因此，专业知识与专业技能相互联系、互相促进、不可分割。我们既要用理论指导实践，又要用实践来促进对知识的理解。

## 二、大学生在专业技能学习中存在的认识误区

当前，有些大学生信奉"能力比知识更重要"这一信条，认为只要能力强，不管专业知识技能掌握得如何都能找到比较理想的工作，导致他们把大量的时间和精力用于做家教、参加社团或组织学生活动等等，因而不重视专业知识的学习和专业技能的训练，把参加活动以提高能力作为主要的目标，岂不知这是舍本求源的做法。其实，用人单位往往更愿意录用专业对口的大学生，更愿意录用专业知识精湛的大学生，如果一个大学生各门功课成绩都不佳，他将成为被淘汰的对象。有一些学生却认为，自己所学的专业不热门，找工作时没有优势。因此，他们在校期间热衷于学外语、计算机等热门专业，考取各种证书，忽视了对自己所学专业理论知识的学习，不能够从全面发展来要求自身。

这些误区直接导致大学生的专业学习思想不稳定，产生迷茫、困惑、烦躁的情绪，给专业知识的学习造成了极大的障碍，不利于大学生沉下心来打好专业知识的基础。大学生就业后应是相关职业领域的高级专门人才，如果没有深厚的专业知识功底和过硬的实践能力，也就不成其为专门人才。尽管在就业过程中会出现专业不对口的现象，专业知识仍然是从业者具备的隐性优势。

因此，已步入大学校园的大学生需要：①理性思考自己所学的专业，坚定专业方向，调动自己的学习热情，树立积极正确的专业学习思想，避免出现认识上的误区。②大学生要努力适应大学阶段学习方式、方法和环境的改变，积极寻找适合自己的学习方法，尽快进入专业知识的学习。只要拥有丰富的专业知识及相关能力，在任何领域都可以成就一番事业。

## 三、培养和提高专业技能的主要途径

### （一）重视课堂学习

课堂学习是指在课堂听取教师对知识的讲解、观察教师对技能的演示，从而理解、掌握，进而形成自己的知识和技能。

课堂是大学生进行专业技能学习的主要场所。授课教师本身掌握了扎实的学科专业知识，在讲授一门课时还需要准备、参阅大量相关的资料和知识，之后浓缩在一堂课的讲授中，信息量非常大，而且教师在教学实践中积累了丰富的经验，了解大学生的学习心理和规律，这些都保证了老师能用科学的教学原则和教学方法，把人类总结出来的知识高效率地传授给学生，并巧妙地培养学生的各种能力，因此课堂学习是不可代替的学习的基本方式。课堂学习是一种高效率获取知识的学习途径，大学生应该重视课堂学习，课前做好预习，课中集中精力听课，课后注意复习和扩展性、关联性阅读。而且课堂学习是一种集体学习，尤其在师生互动交流的过程中，还可以激发参与者的积极性和创造力，产生智慧的碰撞和火花，这是靠个体自学不可能达到的效果。因此，大学生要学会将课堂学习和自学

结合起来，提高学习效率。

## （二）培养和增强对专业的兴趣

兴趣是最好的老师，每个人都会对自己感兴趣的事物给予优先的注意和积极的探索，表现出自觉自愿，并从中感到愉悦、放松和乐趣。当人们对某个问题感兴趣时，就会促使他经常和主动感知、思索这方面的问题或现象，并努力进行观察和研究，排除一切困难去积极从事相关活动。兴趣能使人思想活跃、观察敏锐、注意力持久恒定，从而促进灵感的出现和创造性思维的产生。以下是培养和增强兴趣的方法：

1. 积极期望

积极期望就是从改善自身的心理状态入手，对自己选择的学科专业充满信心，相信该学科专业是非常有趣的。这样，想象中的"兴趣"会推动自己去认真学习该学科专业的知识，从而导致对此学科专业真正感兴趣。

2. 要有目标意识

目标不仅是提供行为的指南，而且对维护个人身心的稳定能够发挥积极的作用。大学生首先要有明确属于自己的学习目的，自觉地对所学的专业知识设定一个恰当的追求目标。然后将终极目标分解为各个阶段的小目标，并为每一步的目标制订恰当的完成计划和可操作性强的实现步骤，再列出达到每一阶段目标和终极目标的时间表。同时，要在行动中不断反思，纠正努力的方向和达到目标的方法，确保计划的可实现性，确保每一步都是离目标更近，确保自己的学习和努力更有效率。这种不断进步的成绩会不断提高一个人的专业兴趣。

3. 培养自我成就感，进而培养直接的学习兴趣

在专业学习的过程中，每取得一个小的成功，就进行自我奖赏，达到什么目标，就给自己什么奖励。如有小进步就奖励自己吃一顿好吃的东西等，有大进步则奖励自己周末去旅游等。这样通过渐次奖励来巩固自己的专业学习行为，有助于产生自我成就感，不知不觉就会建立起对专业的直接兴趣。

4. 在解决问题的过程中增强对专业的兴趣

用学得的专业知识解决实际问题，一是能巩固专业知识。二是能检验和修正所学的知识。三是能体现自身的社会价值，并带来自我实现的愉悦情绪，这种愉悦情绪可以增强一个人对专业知识的学习兴趣，进而更加喜欢该学科专业。

## （三）不断拓展和优化知识结构

现代社会是信息社会，前沿知识和信息瞬息万变，各类职业都要求从业者能够及时把握本领域和相关领域的专业动态，要能迅速自觉获取反映当今科学技术发展状况的新知识、新信息，自觉地对自己的专业知识结构进行优化，适应不断变化的环境对职业提出的新要求。

一个人在学校求学阶段获取的知识只是一生中所需知识的一小部分，随着形势的发展、

个人经历的变化、教育环境的改变，大学生应该自动地补充、更新专业知识和相关知识，不断完善自己的知识结构，随时进行新知识储备。

## （四）参加课外业余培训学习

很多大学生往往会感到自身现有的知识不能很好地帮助其实现顺利就业和职业的发展，而学校又没有相关的资源可以利用。这个时候，大学生可以利用业余时间去参加社会上一些培训机构举办的相关技能的培训，从而获得自己迫切需要的专业技能。这在目前是一种很实用的获得职业技能的途径，而且在获得技能的同时，还能获得相关部门颁发的资格证书，为职业的发展提供一些硬件条件，为职业生涯的发展增加一些筹码。

## （五）提高实践能力

"纸上得来终觉浅，绝知此事要躬行。"实践能力是能够准确地把握事物的本质，有效地利用资源，提出解决问题的意见，制订并实践解决问题的方案，并适时进行调整和改进，使问题得到解决的能力。

实践能力是大学生所掌握的专业知识在实践中的具体运用，专业知识学习得好坏直接影响大学生在解决实际问题时的能力强弱。实践能力是从事各种职业活动都需要的一种社会能力，现在雇主非常看重大学生的社会阅历和实践经验。河南省人才交流中心副主任认为，实践能力是人才的核心能力之一。他举例说，在我国大中小型企业的管理者中，严格地说，有90%的人没有本科学历，但他们能够胜任企业主管一职，因为他们有丰富的实践经验。

在毕业生中，有一些学生就是由于专业实践能力差而与自己心仪的就业岗位失之交臂的。比如，有的毕业生虽然考过了英语四级，但却是"哑巴"英语，根本无法与外宾交流；有的毕业生虽然拿到了计算机二级证书，但却不会使用 Excel、Flash 等办公软件。实践能力的缺失将严重阻碍大学生专业技能的施展与发挥。以下几种方式，有助于大学生提高实践能力：

1. 积极争取和充分利用各种实习机会，选择与职业目标相对应的行业及岗位实习

目前，很多高校已经开始重视对大学生实践能力的培养，纷纷在校外设立实习基地。实习基地的运行模式一般是产学结合，企业与高校在人才培养、科学研究、项目开发、资源共享等方面达成互惠互利的合作和交流关系。

实习基地的建立给大学生提供了接触社会生产第一线的机会，用见习、实习的方式让学生身处真实的社会工作环境，进行准工作人员的能力锻炼。实践证明，只有让大学生参与生产实践，大学生才能真正了解和认识岗位的性质和工作的内容，才能促进大学生自觉地将知识应用于实践，切实掌握专业技术。另外，长期系统的实习锻炼，还能够提高大学生的综合素质。

除了学校建立的实习基地之外，大学生还可以自觉结合自己的职业目标主动寻找一些实习岗位，很多企业其实也愿意给即将毕业的大学生提供实习机会，通过实习可以加深用

人单位和准毕业生之间的相互了解，大学生应该充分利用这样的机会，为顺利就业打下基础。

2. 参加校内外兼职或者勤工助学活动

在安排和分配好学习任务和工作时间的前提下，参加校内外各种形式的兼职可以帮助大学生提高实践能力，如在学校实验室担任教辅工作，在办公室承担行政助管工作等，校外的兼职一般是临时促销员、代课和家庭教师等。旅游专业的学生可以从事兼职导游工作，高年级学生可以做兼职辅导员，艺术类专业的学生参加一些文艺演出等等，这些不仅能够缓解经济压力，而且能够在对专业知识的运用中提高自己的实践能力。

3. 参加社区服务工作

在欧美国家，社会服务是学生的必修课，不仅要记录学分，而且在一些特殊专业中，如果没有社会服务的记录就不能取得从业资格。我国的大学生也可以通过参加社区服务工作或者通过做义工的方式来认识社会，这些活动对帮助大学生树立积极的人生观、价值观，提高大学生的实践能力有着不可替代的重要作用。

不同的学科专业、不同的职业类型对从业者有着不同的实践能力的要求。因此，大学生在校期间应该根据自己的特点、兴趣、职业目标等来精心选择和参与各种各样不同类型的实践活动，在实践中灵活运用专业知识，锻炼、提高自己的实践能力，从而获取不同维度的实践能力，最终达到提升自己拥有多种实践能力的目的。

### （六）考取相应的职业资格证书

现代社会存在着许许多多的职业、行业、工种，大学生可以根据自己的职业目标参加相应的职业资格证书的考试。国家劳动和社会保障部已经对几百个工种（职业）实行就业准入。通过实行就业准入控制，推行职业资格证书制度，职业技能鉴定机构综合运用多种考试和实际操作考核相结合，全面考核劳动者的职业技能。职业资格证书是劳动者求职、任职和开业的资格凭证，是用人单位聘用劳动者的主要依据。目前全国每年大约有 600 万人参加近千种职业资格考核，累计已有 3800 万人取得了职业资格证书。

# 第二节　通用技能

高等教育的任务是培养具有创新精神、创新能力和可持续发展的应用型专门人才。高校要达到这样的培养目标，一方面要使大学生拥有专业技能，另一方面要使大学生拥有通用技能。在某种层次上，通用技能也决定着一个人实际能力的高低，一名优秀的大学毕业生，除了掌握好扎实的专业技能外，更要不断地加强自己通用技能的培养，这样才能在求职择业过程中取得成功。

# 一、通用技能概述

## （一）通用技能的含义

通用技能是相对于专业技能而言的。顾名思义，就是"通用性"的技能，对于各种职业而言，这种技能都是适用的，能随着个体工作的变化而同时被迁移到新的工作当中，并能很快地产生功效。通用技能不是针对某一具体的职业，而是从事任何职业的人要想取得成功都必须具备的能力，是一种超越具体职业、对人的终身发展发挥重大作用的能力，是人们在教育或工作等各种不同的环境中培养出来的可迁移的、从事任何职业都必不可少的跨职业的技能。该技能可以提高人们的工作效率及灵活性、适应性和机动性，是个人获得就业机会、事业发展的重要保障。

## （二）通用技能与专业技能的异同

通用技能与专业技能是两个完全不同的概念。专业技能受工作性质的限制，一门专业的技能可能只有一个单位或是一类行业需要，只能适用于特定的岗位要求，个体离开这个特定的工作岗位，这项技能可能就没有使用的空间了。如网络维护，离开互联网就没有用武之地，因此它的可迁移性很小，不能或是很难被个体带到新的工作岗位中去发挥作用。

通用技能则是个体各种能力的综合体现，这种综合的技能既是个体能够顺利就业的基本前提，也是个体在工作过程中与他人友好相处，充分利用工作资源，保持持续劳动力，获取更大竞争优势，有效维持就业的前提，更是个体在需要的时候重新获得就业的有力保证。

# 二、通用技能的特征

对大学生而言，通用技能是在校学习期间，学到的所有知识的构成和体现方式，它是一个由许多知识面构成的有序列、有层次的整体知识架构体系，具有自己的特征。

## （一）整体性

整体性体现的是通用技能内在的逻辑联系和必然性。通用技能的内在结构和体系，由浅入深、由表及里、由个别到一般，这些原理都是符合学习知识的过程，而好高骛远、脱离实际地追求技能的博大精深只能是一种幻想。

## （二）相关性

通用技能的相互依赖、相互牵连的内在本质特点体现了其相关性。所有的技能都不是孤立和分散的，一门技能总是和其他的技能有着或多或少、或深或浅的联系，从而构成了技能相互影响、相互促进的互动态势。例如，良好的表达能力是沟通的前提，而表达和沟通又是团队合作的基础。建立自己合理的通用技能结构，必须按照互相影响、互相依赖、互相促进的特征去组合、去建设，要按照自己的人生目标、工作性质的相关要求去学习掌握，而不是按照个人的喜好片面单纯地追求某一单方面的技能。

### （三）迁移渗透性

迁移渗透性体现的是通用技能的相互交叉、相互派生的特征。技能不是孤立分散的，相近相关的技能不仅可以互相促进，而且在一定情况下也可以相互转化和派生。尤其是随着新的科学方法和思维观念的出现，技能之间的相互渗透、相互迁移日益增多，交叉学科、边缘学科大量涌现，马克思预言的自然科学奔向社会科学的洪流已经成为现实。

### （四）动态性

动态性体现的是通用技能的发展规律，所谓"活到老，学到老"，就是对通用技能动态性特征最通俗的注释。在信息时代，知识的更新更加频繁，一个人去年建立的技能结构，如果今年不去充实更新，它的价值就会降低。只有用动态性原则要求自己，不断在旧有的技能结构中充实新的内容，才能把握更多的机会。

## 三、九种重要的通用技能

从某种意义上说，通用技能的培养与我们通常所说的素质教育有异曲同工之妙，只是通用技能具有职业教育的特点，通用技能的内涵界定偏重于技能型，它既包括综合职业能力的要求，也包括全面素质的部分要求。

根据我国人力资源研究成果的总结，通用技能大体上可包括以下九个方面的重要内容。

### （一）职业道德

职业道德是人们在一定的职业活动中应遵循的、体现一定职业特点的职业行为准则和规范，也是一个人的爱岗敬业意识，是做好岗位工作的根本和思想保证，是专业技能的灵魂，是通用技能的精神支柱。

齐鲁晚报的一则报道说：一位公共汽车司机在行车途中突发心脏病猝死，临死前他用最后的力气踩住了刹车，保证了车上十几名乘客的安全，然后他趴在方向盘上离开了人世。他生命的最后举动，体现了高尚的职业道德。

在现代社会中，职业道德通过社会舆论和内心信念，弃恶扬善，形成巨大的精神力量。一个人的成功固然需要专业的知识和技能，然而，对于自己所从事的工作如果没有良好的职业道德，即使再聪明的人也会与成功失之交臂。只有德才兼备的人才能在职场畅行无阻，并且走到哪里都能受到别人的欢迎和赞许。因此，无论什么人，只要他想成就一番事业，就应当具备良好的职业道德。一句话，成功离不开职业道德，职业道德是事业成功的必要条件。

### （二）自我学习能力

自我学习就是对新知识、新技能的求知和钻研。大学生在学习和实践过程中遇到的问题，独立解决时所体现的就是自我学习能力。这种能力在校期间的表现尚不明显，但在职业环境中，自我学习能力是员工适应环境，发展自我的必备条件。自我学习能力以终身学习为主要特点，以各种学习方法和良好的学习习惯为手段，以学会学习为最终目标。

自我学习能力是人们在学习、工作及日常生活中必须具备的能力，也是动态衡量人才质量高低的一个尺度。现代社会对人的学习能力要求越来越高，应届大学毕业生基本上都要经过系统培训才能具备直接进行业务操作的能力，因此，是否具备良好的学习能力和强烈的求知欲望是用人单位十分重视的，往往也是应聘时用人单位要重点考察的内容之一。

所以，大学生既要培养自己"闻一知十""举一反三"的能力，也要培养在学习和工作中自我归纳、总结，找出自己的强项和弱项，不断进行知识更新和适时进行自我调整的能力。

### （三）表达沟通能力

表达沟通能力是通过听说读写等思维载体，利用演讲、会见、对话、讨论、信件等方式将个人思想、观点、意见或建议顺畅地用语言或文字准确、恰当地表达出来，促使对方接受自己的能力。

表达能力包括语言表达能力和文字表达能力，这是大学生必须具备的基本能力。作为人与人之间最主要的交流工具，在日常学习、工作和生活中，语言和文字所起的作用不可替代。能够用准确、流畅的语言讲述事实，表达观点，能够撰写计划、总结、调查报告、公函等文书，这是用人单位对大学生表达能力的基本要求。大学生可以通过日常训练、参加专门的培训等方式来提高自己的表达能力。

沟通就是信息的传递和理解。沟通技能包括听、说、读、写多种技能。沟通的形式多种多样，最主要的方式是语言沟通，包括口头的和书面的。除了语言以外，非语言方式也是沟通的重要组成部分。非语言沟通也常常被称为身体语言，包括衣着、表情、神态、姿势、动作、距离等。例如，参加婚礼着装鲜艳，能体现喜庆气氛；参加面试着装整齐、得体，会给考官留下良好的印象。这样就准确、高效地将信息传递给信息的接收方，并能正确理解对方的信息，这是大学生就业必须具备的能力要求。

### （四）人际交往能力

人际交往是指人们为了相互传递信息、交换意见、表达情感和需要等目的，运用语言、行为等方式而进行的人际联系和人际接触的过程，即通常所说的人际关系。对于人，在交往的过程中，逐步学到了社会生活所必需的知识、技能、态度等，摆脱了以自我为中心的倾向，意识到集体和社会的存在，学会平等相处和公平竞争，通过交往建立良好的人际关系后，互相拥有的知识、信息得以传播和增值。对于正在学习、成长中的大学生来说，良好的人际交往能力不仅是大学生活的需要，更是将来适应社会的需要。

马克思说：人是各种社会关系的总和。人际交往是人与人、人与社会之间的一个纽带，也是人类共同的心理追求，良好的人际交往就是一个人内在素质的体现。一个人思想品德和道德修养往往体现在人际交往之中，别人也往往根据这些表现对一个人做出评价。在人际交往中自信友善、真诚稳重、谦虚谨慎、宽容豁达，真诚地关心别人，留心为别人服务，使用文明礼貌的用语，避免飞短流长，克服自我夸耀和忌妒心理，寻找与他人的共同点及谈论他人感兴趣的事情都可以增强人际吸引的力量。

一个人心情愉快，利人利己，与人相处融洽，自然会赢得他人的信任和帮助，扩大与社会的联系面，掌握更多的社会资源，进而有助于个人目标的顺利实现。因此，在其他条件相同的情况下，用人单位往往更愿意接收和使用人际交往能力强的人。

### （五）解决问题能力

解决问题的能力是通过已掌握的知识、技能，进行分析、判断，最后在实践中克服、越过当前的障碍，化解矛盾，完成任务的能力。

解决问题的能力所采用的技术和方法没有特别的限定，以最终解决问题为目的，是从事各种职业活动都需要的一种社会能力。这种能力是对理论和技能的综合运用，并具有自我分析、判断形成的能力，其最终表现为任务的完成，是显性的，但能力形成的过程，是一种内化、一种沉淀，是隐性的，也是实践能力形成的关键。

### （六）创新能力

所谓创新，是指在活动中，在事物原来的基础上，为改变事物现状，通过自身努力，创造性地提出新的发现、发明或者改进革新方案。创新能力是善于运用已有的知识，以创新思维和技法来开拓新领域，以推动事物不断发展的能力，它是从事各种职业都特别需要的一种方法能力。

创新是现代社会发展的生命力所在，是智慧人生的源泉，也是大学生形成自身竞争力的重要支撑，对个人良好人格和素质的形成与发展起到重要作用。创新能力的高低与知识不一定成正比，关键是看人怎样去运用已经掌握的知识。

在竞争激烈、瞬息万变的时代，大学生应当学会创新学习，才能在知识经济社会中敏锐地接受新知识，创新生活。大学生除了在所学专业以外，要善于在非专业领域提升自己的新见解、新思路、新创意的能力。

### （七）团队合作能力

团队合作能力是在实际工作中，为达到既定目标，充分理解组织结构、个人职责，并在此基础上与他人相互协调配合的能力。它包括个人善于与团队其他人沟通协调，能扮演适当角色，勇于承担责任，乐于助人，保持团队的融洽等等，是个人在工作中与同事和谐共事的能力。

现代社会经济发展的速度越来越快，社会分工越来越细，成员之间的关系越来越密切，无论是个人还是单位，都需要在协作中发展，谁也离不开谁。目前，越来越多的单位意识到团队合作精神的重要性，特别是规模宏大的知名企业往往更加重视员工的团队意识和合作精神，除了平时工作中培养员工的团队合作能力，还有计划地进行野外拓展训练，以提升员工的团队合作能力。

## （八）组织管理能力

组织管理是指成功地运用管理者的知识和能力影响工作的活动，并达到最佳的工作目标。现代科学技术已经综合化、社会化，协作趋势日益增强，大到一个公司，小到一个团队，其活动过程都在紧密地相互支持与协作，这就出现了组织管理和协调的问题，也就势必要求组织者要具有一定的组织管理能力。组织管理水平的高低，已经成为一项工作、一个单位工作好坏的重要因素。

很多招聘单位面试后常有"无领导小组讨论""角色扮演"等情景测试，这就是对应试者的组织管理能力的考验。曾有一位普通院校毕业生，与一个重点院校毕业生和一个研究生同场竞争，在最后的测试环节中普通院校大学生胜出，就是胜在组织管理能力上。在那场"测试"中，组织者没有告诉三个应聘者会采取怎么样的方式测试，只是告诉他们，经理一会儿就来，咱们先随意坐着聊点什么。在"闲聊"的过程中，这个普通院校毕业的大学生由于平时参加的社会活动多，经常承担组织管理者的角色，"闲聊"中自然而然地引领着其他两人的话题。当经理出现时，公布录用结果的时候也就到了。

因此，组织管理能力强的人具有对人心的把握与引导能力，容易对他人有影响力，往往工作有较强的主动性，所以更具有发展潜力和培养价值。

## （九）应变能力

应变能力就是善于根据客观情况的变化及时反馈、随机应变地进行调节的能力。应变能力也可以理解为处理突发事件的能力，在紧急情况下，如果事态得不到迅速控制，后果可能不堪设想。这就要求应对者具有一定的应变能力，要临危不乱和快速决断。

应变能力常常会体现在工作中，当碰到和同事争执、生产经营失误、生产事故发生等情况时，应变能力发挥着至关重要的作用。事后的措施、想法再完美也无多大利用价值，应变能力体现在能否即时处理妥当上。

现代社会复杂多变，大学生必须适应这种变化，保证自己从学校到社会的顺利过渡，提高自己的社会适应能力。大学生走上具体工作岗位以后，有些知识用不上，有些知识不够用，很多的要从头学起，这就需要刚走向社会的毕业生，根据工作的需要去调整自己的知识结构、能力结构以及行为方式，尽快地培养自己适应社会的能力。

通用技能所包含的内容很多，除了以上陈述的之外，还包括计算机操作、外语的应用等等。用人单位对大学毕业生的通用技能越来越重视，要求越来越高，表现出一种重视综合素质，而非仅考虑某种素质的趋势。

# 四、培养和提高大学生通用技能的主要途径

大学生要想在未来的社会中很好地生存和发展，一定要进一步完善自我，树立正确的学习观和就业观，学会关心集体，乐于奉献，增强团队合作意识；要踏实肯干、诚实守信，增强艰苦创业的意识；要积极参加社会实践，增加社会阅历，多方面地去培养、发展、提

高自己的通用技能。具体来说，大学生培养和提高通用技能的途径有以下几种。

### （一）充分利用学校的课程安排

一般来说，大学课程安排都强调知识的广博与精深，因此只有遵循大学教学规律，学好大学课程，才能保证大学生既有宽厚的基础知识，又学有专长，从而建立起合理的专业技能和通用技能结构。大学课程分为三类：必修课、选修课和辅修课。必修课是学习专业知识、接受专业训练、成为专业人才所必须学习的课程；选修课是大学生根据个人的兴趣爱好选择学习的课程；辅修课是针对学有余力的大学生开设的课程。大学生应充分利用学校的课堂资源，积极参与课程学习，从而积累系统、全面的专业技能和相关知识。同时，利用课余时间进行知识"反刍"，根据自身记忆、个人理解、以前的知识积累，进行加工、整理，对新旧知识进行组合联系，形成新的知识技能，构建自己最优的专业技能和通用技能结构。

### （二）积极参加校园文化活动

校园文化活动是教学计划之外，引导和组织学生开展的各种有意义的、健康的文化活动。它包括政治性的、学术性的、知识性的、健身性的、娱乐性的、公益性的活动。大学生积极参加校园文化活动，可以学到许多课堂上无法学到的知识与技能。例如，校园内形式多样、内容各异的学术讲座、学术报告会、学术交流活动，既有助于大学生专业知识结构的文理交融，拓宽知识面，也有助于激发大学生的学习兴趣，积极探讨有关问题。量子力学的创始人之一海森堡，在学生时代就喜欢参加学术中心的活动，受到著名科学大师玻尔·波恩等的学术思想的熏陶，深入探讨他感兴趣的问题，结果他在 24 岁时就创立了量子力学的矩阵模型。科学艺术修养是知识结构中的重要组成部分，是人类文化的两翼，参加校园各种艺术活动有助于提高大学生的艺术修养，培养和发展创造力与想象力，有助于优化大学生自身的知识技能结构，从而进一步充实和提高大学生自身的通用技能。

### （三）广泛参与社会实践

在理论与实践的天平上忽视或缺失任何一个方面，都会导致知识技能结构的倾斜。缺乏理论指导的实践是盲目的，而缺乏实践的理论又是空洞的。合理的知识技能结构不仅是理论知识的有效积累，而且是实践经验的结晶。因此，当代大学生应深入社会积极参加社会实践，增加社会阅历，提高工作能力，吸取前人的经验知识，理论联系实际，在实践中不断增长才干，从而完善自己的知识技能结构。

目前，许多用人单位往往都要求求职者具备相应的工作经验。大学生可以利用毕业实习、假期见习和双休日、节假日以及寒暑假，积极参加社会实践，这样不仅可以最大限度地利用资源，而且能在最短的时间内学到最有用的职业知识和通用技能。

### （四）利用互联网等媒体学习和获得

当代科学处于发展变化之中，单纯的教材所能提供的知识技能容量和视野毕竟有限，作为印刷体，很难及时反映本学科领域的最新成果和发展；大量购买书籍往往也超出大多数学生的经济承受能力，借阅参考资料也未必能够得到满足。随着信息技术的发展，我们能够在大学教育中利用多种媒体，如电视、光盘、互联网等，多渠道地获取知识和技能。不同媒体有不同的时效性，将它们科学地结合起来，就能够向大学生传递丰富的知识技能和最新的信息资料。对于数字型媒体所提供的资料信息，通过检索手段能够提高查找定位能力，提高查找效率，广泛地学习和获取各种专业的和通用的技能。

　　培养和提高大学生通用技能是一个系统工程，需要社会、高校、学生三方共同努力。社会创造良好的就业环境是培养和提高大学生通用技能的保证，高校面向市场不断提高人才培养质量是提高大学生通用技能的主要渠道，大学生进一步完善自我是提高通用技能的关键。只有多方形成合力，才能切实提高大学生的通用技能，最终促使大学生顺利就业，促进社会稳定和谐。

# 第三节　个人素质

　　即将奔赴职场的大学生除了具备良好的专业技能和通用技能外，个人素质也是不可或缺的。一些大学毕业生在求职时，常因个人素质的问题而与大好机会失之交臂。因此，大学生要加强自身各方面的修养，提升个人素质，进而提升择业就业能力，使自己在求职过程中立于不败之地。

## 一、个人素质的基本内涵

　　个人素质有广义和狭义之分。从广义上说，个人素质指的是一个人的综合素质，即一个人在阅读积累、基础知识、心理水平、个性品德、实际操作能力等方面的整体素养和能力，它包括思想道德素质、专业素质、文化素质、身心素质等多个方面。从狭义上说，个人素质指的是一个人的基本品质与品行，如诚信、主动、自觉自律、谦虚执着、勤奋、自我管理、自信、责任心等。在此，笔者主要从狭义的角度来讨论如何提升一个人素质的问题。

## 二、个人素质的基本特征

### （一）内在性

　　素质是人的品质特征的深层蕴藏，人的行为就是某种素质的外在表现。在一般情况下并不具有明显的特点。有些大学生"藏而不露"，平时并未发现他有什么特长，但如果给他一个适当的表现的舞台，他的某种特长就会显露出来，并有不凡的身手，引得周围同学赞叹不已。因此，内在性是素质的最基本特征。

## （二）稳定性

人的素质是相对稳定的，是以某种机能系统或结构形式在个体内部固定下来的概括化了的东西，在相当长的一段时间内保持下去，没有特殊原因不会自动丧失。而那些不稳定的，只是在某种特定条件下才会有所表现的部分不能称为素质。

## （三）发展性

人的素质是可以通过环境和教育影响的，特别是通过个体的努力改进的。人从少年到青年，青年到壮年，随着年龄的增长，适应社会的能力增强，通过学校、家庭等教育及周围环境的影响，可以使自身素质得到相应的提高。当然，在这个过程中个体努力是最重要的，通过自身刻苦学习、努力锻炼，可以掌握更多的知识，发展多种技能，提高自身综合素质。

## （四）潜在性

素质也指人的生理、心理特点，带有一定的遗传性。因此，人本身蕴藏着许多尚未开发出来的身心潜能，它是以人的内能形式存在的，是人的品质、才干形成并发挥作用的内在渊源。大学生在日常学习和工作中要注意开发自己的潜能，大胆尝试，你可能会因为有先天的"音乐细胞"，而成为一名音乐家。

## （五）综合性

人的素质是一种复杂的现实身心能量的整合，而不是指某一具体方面，其结构是构成素质的各要素之间具有相互作用、相互制约关系的完整、协调的统一体。人的素质水平是一种综合效应，仅仅依据个体某一方面的素质状况，是不足以断定其素质水平的，所以笔者强调的是大学生全面发展，综合素质的提高。

# 三、求职中应具备的几种重要的个人素质

## （一）诚信

诚，即真诚、诚实；信，即守承诺、讲信用。诚信的基本含义是守诺、践约、无欺。诚信是一切道德的基础和根本，是一个社会赖以生存和发展的基石，是社会主义社会调节个人与社会、个人与个人之间相互关系的基本道德规范，也是社会公德和职业道德中的基本准则。就个人而言，诚信是高尚的人格力量；就企业而言，诚信是宝贵的无形资产；就社会而言，诚信是正常的生产生活秩序；就国家而言，诚信是良好的国际形象。诚信是道德范畴和制度范畴的统一，个人的人品如何直接决定了这个人对社会的价值。而在与人品相关的各种因素之中，诚信又是最为重要的一点。微软公司在用人时非常强调诚信，当列出对员工期望的"核心价值观"时，诚信被列为第一位。

## （二）主动

主动指不受外力推动而行动。由于受中国传统文化的影响，中国的学生和职员大多属于比较内向的类型，在学习和工作中还不够主动。在学习中，学生往往需要老师安排学习任务；在公司里，中国职员常常要等老板吩咐做什么事、怎么做之后，才开始工作。但是，要想在求职和职业中获得成功，就必须努力培养自己的主动意识：在工作中要勇于承担责任，主动为自己设定工作目标，并不断改进方式和方法。"机不可失，时不再来"，只有积极主动的人才能在瞬息万变的竞争环境中获得成功，只有善于展示自己的人才能在工作中获得更多的机会。

## （三）自觉自律

自觉是指大学生要客观辩证地认识自己、认识他人和社会，同时要认识自己与他人和社会的关系。古语云，人贵有自知之明。社会生活中的每个人都应当对自己的素质、潜能、特长、缺陷、经验等各种基本能力有一个清醒的认识，要认识到人是社会中的人，尊重他人、博采众长，才能逐渐完善自身，对自己在社会工作生活中可能扮演的角色有一个明确的定位。

一个人既不能对自己的能力判断过高，也不能轻易低估自己的潜能。对自己判断过高的人往往容易浮躁、冒进，不善于和他人合作，在遭到挫折时心理落差较大，难以平静对待客观事实；低估了自己的能力的人，则会在工作中畏首畏尾、犹豫不决，没有承担责任和肩负重担的勇气，缺乏工作的积极性。有自知之明的人既能够在他人面前展示自己的特长，也不会刻意掩盖自己的欠缺。坦陈自己的不足而向他人求教不但不会降低自己，反而可以表示出自己的虚心和自信，赢得他人的尊重与青睐。有自知之明的人在遇到挫折的时候不会轻言失败，在取得成绩时也不会沾沾自喜。认识自我，准确定位自我价值的能力可以帮助个人找到自己合适的职场空间及发展方向，有自知之明的人让人感觉他是一个自信、谦虚、真诚的人。

自律指的是自我控制和自我调整的能力。这包括：将合法合理的社会规范内化到自己心中，并体现在自己的日常行为中，自我控制不安定的情绪或冲动，在压力面前保持清晰的头脑。英国思想家罗斯金说："适当的克制，它们毕竟不是束缚手脚的锁链，而是护身的铠甲……克制使得人类引以为荣。"先哲们用克制肯定了自律的可贵之处。自律也必须建立在诚信的基础上，为了表现所谓的"自律"而在他人面前粉饰、遮掩自己的缺点，刻意表演的做法是非常不可取的。只有在赢得他人信任的基础上，严于律己、宽以待人，才能真正获得他人的尊重和赞许。

## （四）谦虚执着

谦虚指不自满、肯接受批评，并虚心向他人请教。有真才实学的人往往虚怀若谷，谦虚谨慎；而不学无术、一知半解的人，却常常骄傲自大，自以为是。谦虚是一种美德，是进取和成功的必要前提。目前，不少大学生在生活中唯我独尊，不能听取他人的建议，不能容忍他人和自己意见相左，这些不懂得谦虚谨慎的同学也许可以取得暂时的成功，却无法在人生的事业上不断进步。因为一个人的力量终究有限，在瞬息万变的当今世界，个人必须不断学习，善于综合并吸取他人的良好意见，否则就将陷入一意孤行的泥潭。世界计算机行业巨头比尔·盖茨就是一个非常谦虚的人，他在每一次演讲结束后，会请撰写演讲稿的人分析一下他的演讲有哪些不足之处，以便下一次改进，正是这种精神和行为成就了他事业的辉煌。

执着是指坚持正确方向，矢志不移的决心和意志。无论是个人也好，还是集体也好，一旦认明了正确的工作方向，就必须在该方向的指引下锲而不舍地努力工作。在工作中轻言放弃或者朝三暮四的做法都不能取得真正的成功。成功者需要有足够的勇气来面对挑战，任何事业上的成就都不是轻易就可以取得的。一个人想要在工作中出类拔萃，就必须面对各种各样的艰难险阻，必须正视事业上的挫折和失败。只有那些谦虚执着、有勇气迎接挑战的人才能真正实现超越自我，达到卓越的境界。

## （五）责任心

责任心是指个人对自己的义务和责任的自觉意识和积极履行的行为倾向。它意味着个人对待工作、家庭、自我、他人、社会乃至整个人类社会的负责态度和奉献精神，它总是表现在人们的社会生活和工作行为活动中。一个人有了责任心，他就会主动地去关心帮助他人，对他人负责；就会忘我地投入工作；就会在学习和工作中严于律己，对自己的行为负责，使自己不断完善、不断成熟。

列夫·托尔斯泰说过：一个人若没有热情，他将一事无成，而热情的基点正是责任心。社会学家曾对500名天才儿童做过跟踪调查研究，35年后发现其中30%的人并没有什么成就，其差别并不是在于智力，而是是否有强烈的责任心和专一进取的品质。很明显，责任心的强弱影响一个人事业的成败。这是为什么？因为责任心是一种重要的非智力因素，具有动力功能，能推动个体主动把外部的任务目标内化为自己的行动目标；具有维持和调节个体行为的功能，能支配个体的行动，控制和调节个体的行动，调节个体的心理功能，克服困难、坚持不懈，从而不断引导个体趋向目标，这样个体的心理才会向健康美好的方向发展。一个没有责任感、没有价值感的人，因为找不到生命的支点，便会感到迷惘，因而失去创造成就的动力，容易为其他一些物质性的、轻浮的事务所吸引，甚至沉溺其中难以自拔。一个缺乏责任心或责任心不强的人，往往意识不到自己做人、做事的责任，从而造成人格上的缺陷。用人单位在招聘大学生时，对责任心是很重视的，往往通过各种方式、方法考察一个人的责任意识。

## （六）自信

自信指相信自己，是自我意识中的重要组成部分，是心理健康的一种表现，是学习、职业成功的有利心理条件。自信的人能以自己的实际能力接受来自心理和社会的压力和挑战，并体现为沉着、冷静的情绪。在工作、学习、求职的过程中，一个人应勇敢地说出和实施自己的想法和主张，尽可能地积极影响同学、同事、上级和工作对象，创造各种有利机会，赢得职场的成功。

### （七）勤奋

通俗地说，勤奋就是不辞辛劳、不知疲倦地做事。这种勤奋是自觉自愿的，不是外部力量驱使的。其实，大学生都明白，做任何事情都不可能一蹴而就，学业也好，事业也好，要达到自己的奋斗目标，都必须付出艰苦的劳动，进行不懈的努力，克服这样那样的困难。当然，勤奋不等于一天从早到晚忙得昏头昏脑，不等于搞疲劳战术，应勤而有序，勤而有得，有效地利用正常的学习和工作时间，扎实勤奋地学习和工作。

### （八）自我管理

自我管理是具有自我意识、自主意识和能力的个人，在正确认知自己的前提下，通过合理的自我设计、学习和协调等环节，以个人的自我实现和全面发展为目标的管理实践活动。

自我管理作为一种社会实践活动，也是个人的一种生存方式和存在形式。个人合理地利用自己的选择权利，实现自觉的自我调节和自我控制，有效地选择和管理自己的情感、意志，客观地理解他人，正确地处理自己与他人的关系，适应瞬息万变的环境，促使自身的特点和需要与外部环境相适应，并且通过与外界交往进行有效的整体合作，将自身的力量整合成社会力量，以达到组织的整体目标和组织绩效。

通过自我管理，大学生对自身的行为与社会规范、要求相对照，在自我评价和自我反省的基础上，调整或修正自己的行为方式，主动而积极地参与群体（学校或单位等）的管理工作，并发挥其聪明才智和创造性，从而找到一个既合乎组织发展又有利于自身全面发展的平台。作为新时代的大学生，可从如下四个方面提高自我管理能力：

（1）目标管理。目标是生命的主心，偏离了主心，生命就没了意义。因此，我们应该清楚地知道自己的目标是什么，怎样达到，何时达到以及如何进行目标效果评价等。例如，确立通过英语四、六级考试，每周读一本书籍学习等目标。

（2）时间管理。时间对于每一个人来说都是有限的，只有善于管理时间的人，才能让有限的时间发挥最大效益，但并不是反对娱乐，而是反对时间的浪费。用人单位在招聘和选拔人才时，时间管理能力是一个重要的考虑因素。在有些岗位，这一能力还显得至关重要，如营销人员、外派采购人员、经理人等，他们相对来说，自由度较大，如果缺乏时间管理能力，他们不仅会浪费很多时间，还会浪费公司很多资源。所以，用人单位经常通过组织会议、处理信件、接待来访等方面的考题来考察一个人的时间管理能力。

（3）技能管理。技能是我们的生存之本。无论是专业技能或通用技能，这些技能都是以个人能力和素质为载体的。我们应该未雨绸缪，剖析自己的优势、劣势与潜力，有意识地逐步提高这些技能。

（4）金钱管理。金钱可以助人一臂之力，也可以消磨人的意志。因此，金钱是把双刃剑，我们应该把金钱看成一项管理工作，树立金钱管理意识，建立账目明细表，明确金钱的去向和投资方向，成为主宰金钱的主人。尽可能地把金钱用于知识的获取、技能的提高上。

### （九）专注

专注既是一种精神，又是一种态度，更是一种习惯。专注的人能专心致志、全神贯注，不受任何其他欲望和外界诱惑的干扰，对既定的目标和方向执着如一、不懈努力。专注的人能集中所有的资源和精力办事；专注的人能把一件事情做到底，不达目的不罢休。因此，专注是一种优秀的个人素质，大学生应具备专注的品格，保持一颗超然的平常之心，把时间、精力和智慧聚集到所要完成的重大目标和任务上。

## 四、提高个人素质的主要途径

时代呼唤新一代的大学生，祖国需要高素质的人才，现代社会的发展对大学生的素质提出了更高的要求。作为新时代的大学生，要想适应社会的发展，就必须努力提高大学生的综合素质，只有这样才能更好地为祖国建设贡献力量。大学生提高自身素质的主要途径有以下几方面。

### （一）树立全面发展的观念

好多大学生在某一方面比较突出，可是在其他方面就相对落后。特别是一些理工院校，学术研究氛围比较浓厚，但人文社会科学方面的知识却并不丰富，所以给人的感觉是理工科院校的学生不活泼、缺乏青春的朝气。而文科院校的学生虽然知识面比较宽广，可是他们相对缺乏科学的钻研精神。因此，同学们学习时要注意文理渗透，人文类的大学生不仅要学习文学、历史、哲学等知识，更重要的是要培养一种历史感；理工类的大学生不仅要学习好本专业和相关自然科学专业的知识，更要重视广泛涉猎人文社科知识，这样不仅可以优化大学生的知识结构，还可以帮助他们在专业领域内更有创造力，使他们变得更善于深思熟虑，成为更完善的人。

### （二）在日常生活中培养

在当今社会要从事某一职业，必须经过专门的职业训练，这个训练过程也就是个人素质培养的过程，这是一个长期的过程，绝非一朝一夕之功，尤其是个人思想道德行为的形成，需要在日常生活中有意识地培养。因此，大学生要从小事做起，严格遵守行为规范；从自我做起，自觉养成良好习惯；以高标准、严要求来规范自己，来衡量自己的言行，来指导自己的实践。

### （三）在专业学习中训练

专业学习是获得专业理论知识的基本途径，也是了解专业、了解职业及其相关职业岗位规范，培养职业意识、养成良好职业习惯的主要途径。凡事预则立，不预则废。大学生应该在专业学习和实践过程中增强职业意识、恪守职业规范，这是未来干好工作、实现人生价值的重要前提。因此，在专业学习中，大学生应重视技能训练、刻苦钻研、提高本领、不断提升个人素质。

## （四）在社会实践中体验

丰富的社会实践是指导人们发展成才的基础，是实现知行统一的主要场所。社会实践是个人素质培育和发展的根本途径，个人素质的培养和良好素质的形成离不开社会实践。离开了社会实践，既无法深刻领会个人素质的内涵，也无法将职业素质和专业技能转化为造福人民、贡献社会的实际行动。因此，大学生要积极参加社会实践，培养职业情感。在专业实践中有意识地了解职业、熟悉职业，培养对职业的热爱。

## （五）在自我修养中提高

自我修养是提高个人素质必不可少的手段，是形成个人素质的内因。自我修养的关键在于"自我努力"。其目的在于，通过自我的个人实践，培养较强的职业技能和个人素质，把个人素质的基本要求，自觉地转化为个人内心的要求和坚定的信念。这就要求大学生在日常的学习、生活和各种实践中，一定要严于解剖自己，善于认识自己，客观地看待自己，勇于正视自己的缺点，做到扬长避短，加强自我修养，不断提升自己的个人综合素质。

## （六）利用校园文化陶冶

学校的教书育人工作可分为教学育人和环境育人两个部分，环境育人主要体现在校园文化建设上。校园文化是以社会主义核心价值体系为主导，以校园精神文明为底蕴，由师生员工共同创造和享有的群体文化，是一所学校的传统、作风和理想追求的综合体现。校园文化能塑造良好的性格和高尚的品格，校园文化影响学生的思想品质、价值观念和生活方式的选择，具有极强的导向作用。另外，校园文化是充实学生头脑，完善学生知识结构的有效途径。同时，校园文化还能构筑和提升大学生的现代审美观念和审美能力。所以，大学生要积极参与各种有利于提高大学生科学文化素质的系列讲座，投身校园社团活动和文化艺术活动，使自己在丰富多彩的校园生活中受到陶冶，获得知识，增长才干，培养情操，开阔胸怀，增强团队意识，使大学生的个性和社会相协调，更好地发展个人的特长和兴趣。

# 第四章　大学生就业制度

## 第一节　大学生就业制度的动态分析

大学生就业制度作为高等教育体制的组成部分，必须与我国的生产力和经济体制、政治体制以及其他体制改革相适应，并随着各项体制改革的深化而不断深化。毕业生就业制度与生产力发展、经济政治体制以及其他各项体制之间的矛盾，是推动毕业生就业制度改革发展的基本因素。

### 一、我国大学生就业制度的历史沿革

#### （一）第一阶段：从新中国成立初期到十一届三中全会，实行与计划经济相匹配的"统分统配"的大学生就业模式

我国大学毕业生分配就业工作始于1950年。当年全国共分配了17万多名大学毕业生，中央要求90%~95%的毕业生服从统一分配。当时对毕业生不是采取强迫命令，而是通过组织动员工作说服多数毕业生服从国家分配。1951年中央政务院在一份政令中明确了国家对大学毕业生实行统一计划分配的制度，并在第二年印发的毕业生统一分配方案中规定：由中央人事部制定全国高等学校毕业生科系人数调配表，各大行政区按计划调配。从此，高度集中的毕业生计划分配管理制度开始形成。这种制度与我国社会主义建设初期的生产力状况、经济政治体制相适应，有力地促进了我国社会主义经济建设和其他各项事业的发展。

在生产资料所有制的社会主义改造基本完成之后，我国建立了高度集中的计划经济体制，进入了社会主义建设新时期。由于生产力非常落后，高等教育规模相对较小，大学毕业生数量对于各方面建设事业的需要来说远远不足，因此实行国家计划统一分配制度有利于促进经济和社会发展，适合我国国情。从高等教育适应经济体制方面来看，我国实行的是以公有制为基础的高度集中的计划经济体制，主要通过计划手段进行资源配置，高等学校由国家投资、国家管理，招生和分配由国家统一制订计划。因而，在计划经济条件下，用人单位对大学毕业生的需求表现为国家的需求，用人单位既没有用人自主权，也缺乏用人的内在动力。

"文革"时期，高等学校实行以推荐为主的从工农兵中招收学生的制度，在分配就业上实行"厂来厂去、社来社去、哪来哪去"的制度。这是一种在"左"倾思想指导下确定的高等教育招生和就业制度，与当时特定的经济、政治形势有关。这一时期，知识分子受到批判、轻视和打击，科学知识严重贬值，高校教育质量低下，高等教育体制不利于培养德智体美全面发展的社会主义建设事业的高级专门人才。

### （二）第二阶段：从十一届三中全会到 20 世纪 90 年代，摸索试行在计划统配前提下的部分自主选择的大学生就业转轨模式

1978 年 12 月党的十一届三中全会全面恢复和确立了马克思主义的正确路线，使我国进入全面改革开放的现代化建设新时期。党的十一届三中全会以后，我国高等教育事业进入一个新的发展时期，出现了新中国建立以来从未有过的大好形势。从中央到地方，对教育战略地位的认识有了很大提高，中央的战略决策逐渐成为社会各方面的共识。

随着全党和全国的工作重心转移到经济建设上来以及改革开放的逐步推进，我国大学毕业生计划分配制度与社会生产力和经济、政治发展状况不相适应的矛盾日益暴露出来，具体表现在：①高等学校及其毕业生和用人单位难以直接见面。学校无法得知用人单位的使用意图，用人单位也不了解学校的专业和培养方向，毕业生不知道即将从事的工作，因而造成了学非所用、用非所学、专业不对口的现象。②由于计划分配制度环节过多，造成了分配渠道的不畅通。对部委和地方所属高校毕业生很难进行横向调剂，导致了毕业生资源配置的不合理。③用人单位急需的人才要不到，不需要的年年给，造成人才的积压与短缺并存。④学生缺乏竞争的压力和学习的积极性、主动性，严重阻碍了教育质量的提高。⑤高校不了解社会需求，对社会需求缺乏预见性，专业设置不当，培养计划不周，缺乏提高办学质量、效益的内在动力和外在压力，严重阻碍了高等教育事业的发展等。这一切都表明，大学毕业生就业制度改革势在必行。

20 世纪 80 年代初，我国大学毕业生就业制度的改革拉开帷幕。改革首先从扩大学校的分配权限入手。自 1983 年起，逐步将原来由政府直接管理的部分权力交给学校，如毕业生分配计划建议权、毕业生分配名单决定权、分配计划不当的调整权，以及学校对 20% 左右的毕业生的直接分配或建议权等。1985 年《中共中央关于教育体制改革的决定》中指出：对毕业生就业，实行在国家计划指导下，由本人选报志愿，学校推荐，用人单位择优录用的制度。同年，清华大学和上海交大进行了在供需见面的基础上由用人单位自主招聘、考核、录用的改革试点。随后，供需见面的毕业生就业办法在全国高校中逐步推广实行。

### （三）第三阶段：从 20 世纪 90 年代至今，逐步实现与社会主义市场经济发展相适应的"双向选择"的大学生就业模式

1989 年，国务院颁布了《国家教委关于改革高等学校毕业生分配制度的报告》（以下简称《报告》）。《报告》指出：改革的目标是在国家就业方针、政策指导下，逐步实行毕业生自主择业、用人单位择优录用的"双向选择"制度。1992 年年初邓小平南方视察讲

话发表后，毕业生就业单靠行政手段已不能完全奏效，因而开始引入市场机制。到 1993 年，全国有 100 多所高校毕业生开始按照"双向选择"的方式就业；到 1994 年，"双向选择"的范围进一步扩大。随着社会主义市场经济体制的逐步确立，1994 年国务院颁布的《中国教育改革和发展纲要》提出了毕业生就业制度改革的明确目标：实行少数毕业生由国家安排就业，多数由学生"自主择业"的就业制度。在纲要实施意见中确定的改革步骤为：1997 年，大多数学校按新制度运作；2000 年，基本实现新旧体制转轨。2007 年 8 月 30 日正式出台了《中华人民共和国就业促进法》，在 2008 年 1 月 1 日起实施，其中总则中第二条规定：国家把扩大就业放在经济社会发展的突出位置，实施积极的就业政策，坚持劳动者自主择业、市场调节就业、政府促进就业的方针，多渠道扩大就业。

## 二、近年国家大学生就业工作会议精神

每年教育部都会召开"全国普通高等学校毕业生就业工作会议"（以下简称"就业工作会议"），会上分析每年高校毕业生的就业形势，并传达国家关于高校毕业生就业工作的批示精神，安排部署本年度高校毕业生就业重点任务，是政府对毕业生就业进行宏观调控、政策引导的重要渠道，对大学生来说，也是直接了解当期就业形势和国家政策导向的重要信息来源。以下是近年来的"就业工作会议"的主要内容：

2009 年，全球金融危机影响了大学生就业形势。在这一背景下，"就业工作会议"强调了教育系统要千方百计为毕业生，特别是为受经济形势影响较大专业的毕业生收集岗位信息；要举办系列招聘活动，全面提高就业信息服务水平。时任教育部部长周济强调，要全面加大创业支持力度，大力推动毕业生自主创业，为毕业生创业提供更大的支持力度；积极开展有针对性的就业指导服务，重点帮扶就业困难毕业生；要广泛组织实习实践，进一步提高毕业生的就业竞争力；要深入开展思想政治教育，引导学生理性、辩证地认识就业形势，树立"先就业、再择业"的就业观，积极主动地就业。

2010 年，高校毕业生人数达到 630 万，在金融危机的影响还未完全消除的情况下，再度增加的高校毕业生数为当年的就业形势带来了新的压力。2010 年的"就业工作会议"要求巩固和完善政策，加大工作力度，确保到基层就业的高校毕业生数量有较大幅度的增加。包括各地教育部门要进一步扩大"农村教师特岗计划"的规模，积极配合有关部门继续组织实施好各类基层就业项目，并做好 2010 年高校毕业生入伍服义务兵役的征集工作。各省级主管部门要进一步健全鼓励毕业生下基层的政策体系，主动配合有关部门积极开辟新的基层就业领域。同时，也再次强调了加强创业教育和就业指导，推动新一轮高等教育改革的重要性。

2011 年，"就业工作会议"在持续重视基层就业、毕业生自主创业、就业服务、教育改革等重点工作持续进展的基础上，提出了全面开展"高校毕业生就业优质服务年"活动，进一步改进工作作风，提升就业指导服务水平，开展优质的就业信息服务，提供高水平的

职业咨询和指导，高度重视就业困难群体和薄弱地区的就业帮扶和援助工作。这些举措体现了政府对毕业生就业服务的重视。

2012年的"就业工作会议"的工作基调是"稳中求进"，主要抓好五个重点：一是大力引导高校毕业生到城乡基层、中西部地区、重点行业区域就业创业。要求各省级主管部门继续加大力度，积极开辟毕业生到文化、农业科技领域服务，到海外任教的新渠道，积极开拓二、三线城市就业市场，继续做好高校毕业生入伍预征和征集工作。二是着力推动高校毕业生就业政策制度实现新突破，对自主创业、困难帮扶等政策，可先行试点、先行突破，以点带面推动政策创新。三是加快建立和完善高校毕业生就业服务体系。全面推广使用"全国大学生就业信息服务一体化系统"，加强就业信息市场建设，加快推进网上服务，强化高校就业指导队伍和机构建设。四是切实做好高校毕业生就业督查工作。积极配合国务院就业工作部际联席会议有关部门，做好高校毕业生就业工作专项督查。五是高度重视就业安全稳定工作。各省级就业主管部门要加大力度做好困难群体特别是少数民族高校毕业生的就业帮扶工作，要加强校园招聘活动管理，确保就业安全和校园稳定。

2013年的"就业工作会议"作为党的十八大后的第一次就业工作会议特别引人瞩目。党的十八大提出了"做好以高校毕业生为重点的青年就业工作""鼓励青年创业""推动实现更高质量的就业"等一系列新任务、新要求，为当前和今后一个时期高校毕业生就业工作指明了方向。2013年"就业工作会议"的重点是：一是加强组织领导，继续把高校毕业生就业工作摆在突出重要位置。二是鼓励多渠道多形式就业，引导高校毕业生到城乡基层、中小企业、中西部地区和艰苦边远地区就业。要组织实施"教师特岗计划"等基层项目，做好免费师范毕业生就业、毕业生入伍预征等工作，积极拓展就业新渠道。三是支持青年创业，大力推进创新创业教育和自主创业。把创新创业教育融入专业教学和人才培养的全过程，主动配合有关部门落实好优惠政策。四是完善就业服务体系，切实提升高校毕业生就业指导服务水平。要积极拓展毕业生就业市场，完善就业信息服务，开展富有针对性和实效性的就业指导。五是多解民生之忧，千方百计做好困难毕业生群体就业帮扶工作。要摸清困难毕业生底数，实施"一对一"帮扶，着重做好少数民族地区高校毕业生就业工作。六是推动内涵发展，促进人才培养、社会需求与就业良性互动。要进一步优化学科专业结构，加强实践能力培养，完善并落实就业状况对高等教育的反馈机制。

总之，我国大学毕业生就业制度改革的过程，就是逐步消除弊端、与社会生产力和经济政治体制改革不断相适应的过程。高等教育在我国现代化建设中处于重要战略地位，必须通过不断改革促进其发展。就业制度改革的根本目的在于：高等教育要更好地适应我国现代化建设需要，适应改革开放的新形势，实现毕业生资源的合理配置，提高高等学校办学质量和效益。在这个根本目的指导下，高等教育工作者在实践中不断探索就业制度改革的办法，取得了显著的成效。

## 三、我国现行的大学生就业制度

### （一）现行的大学生就业管理体制

1998 年，第九届全国人民代表大会批准将"国家教育委员会"更名为"教育部"。在国务院批准的教育部"三定方案"（定机构、定编制、定职能）中，确定教育部在毕业生就业工作方面的职能是：归口管理高校毕业生就业制度改革，拟定高校毕业生就业政策，组织实施高校毕业生分配工作；负责制订高校毕业生就业计划并组织实施，组织实施少量国家急需、应予保证的高校毕业生指令性分配计划。

近几年，我国高等学校的管理体制改革和机构布局调整迈出了重大步伐，可以说已经取得了决定性成功，以中央和地方两级管理、以地方管理为主的新的高等学校管理格局已经形成。目前我国高等学校主要分为三块：一是教育部直属高等学校，二是中央部委所属高等学校，三是各省、自治区、直辖市所属高等学校。教育部直属高等学校和中央部委所属高等学校为中央部门管理的学校，各省、自治区、直辖市所属高等学校为地方管理的学校。

高校毕业生就业管理是高等学校整个管理职能中的一个子系统，在改革高等学校管理体制时，自然也包括高等学校毕业生就业管理体制的改革。随着管理体制改革的深化，目前高校毕业生就业管理体制已初步完成由条块分割向条块有机结合的转化，高校毕业生就业工作也是以地方管理为主。按照现行高校毕业生就业管理体制，毕业生的就业采取在政府宏观调控下，以市场需求为导向，实行分级负责、相互调剂的办法。全国毕业生就业由教育部归口管理，国家根据每年度毕业生的资源情况和社会对毕业生的需求，制订年度方针、政策或指导性就业计划；高等学校按照国家的方针、政策和学校主管部门的要求落实毕业生就业计划，组织派遣毕业生；用人单位按照国家下达的接收计划接收毕业生。不同隶属关系高等学校的毕业生就业办法又有所不同。

随着高等教育管理体制改革的深入，从 2002 年开始，高校毕业生就业工作也相应进入一个新的阶段。为了进一步完善高校毕业生就业工作的管理体制，2002 年 3 月，国务院办公厅转发了教育部、公安部、人事部、劳动保障部《关于进一步深化普通高等学校毕业生就业制度改革有关问题的意见》（国发办〔2002〕19 号）的文件。该文件第一次提出成立由政府主管领导牵头、有关部门参加的领导协调机构，统筹做好高校毕业生就业工作。这是根据新的就业形势和任务提出的一个新的体制，为做好高校毕业生就业工作提供了重要的组织保证和体制保障。

### （二）大学生就业的一般性政策

1. 应届毕业生报考国家公务员的政策

国家行政机关、其他国家机关和参照国家公务员制度管理的事业单位从高等学校应届毕业生中录用国家公务员，一律实行考试考核、择优录用的办法。高校应届毕业的研究生、本科生、大专生（非委培、定向生），符合国家规定报考条件的均可报考。被录用为公务员的毕业生与组织者人事部门签订就业协议书，属于就业范围。

2. 应届毕业生到部队就业的政策

根据原国家教委、解放军总政治部 1997 年联合通知中的规定，高等学校应届毕业生参军应具备如下条件：①拥护党的基本路线，忠于祖国，热爱军队，志愿献身国防事业，符合公民服现役的政治条件。②学习成绩平均在良好以上。③本、专科毕业生的年龄不超过 25 周岁，毕业研究生的年龄视具体情况而定。④身体健康，具体条件参照人民解放军院校招收学员的体格检查标准执行。到军队基层指挥岗位的毕业生还应具备良好的气质和强健的体魄。到专业技术岗位的毕业生的视力和身高，在不影响工作的前提下，可适当放宽。为吸引地方高校毕业生到军队工作，"通知"中明确将实行鼓励政策，参军的毕业生在首次评授军衔、评任专业技术职务、确定专业技术等级以及住房分配等方面，与同期入军校学习的毕业学员享有同等待遇。大专毕业生见习期满可定为排职，少尉军衔；本科毕业生见习期满可定为副连职，中尉军衔；硕士研究生见习期满可定为正连职，上尉军衔；博士研究生见习期满可定为正营，少校军衔。

军队接收大学毕业生与应征入伍不同，其主要区别如下：征兵入伍属于服兵役，具有义务性，属于当兵服役；而接收地方高校毕业生，是指接收高校应届毕业生，直接来担任军官或文职职务。

高校毕业生参军入伍的程序是：毕业生根据部队需要报名；部队对毕业生进行考核、体检，与接收对象签订协议；毕业生就业主管部门签证、派遣；部队统一办理接收对象入伍手续；组织入伍的毕业生军训、见习锻炼；对见习期满的毕业生定岗位任职。

3. 应届毕业生自费出国留学的政策

随着改革开放的深入和我国加入 WTO，部分学生将获得机会到国外深造或到境外企业去工作。符合国家规定申请自费留学的毕业生，不参加就业，也不再交纳教育培养费。凭国外大学录取通知书，在学校规定时间内提出申请，经教务处和就业指导中心审核同意后，不列入就业计划。集中派遣时未获准出境的，学校可将其档案、户籍关系转至生源地，毕业生继续办理出国手续或自谋职业。

4. 患病毕业生和残疾毕业生的政策

毕业生离校前应进行健康检查，因病不能工作的，应回家休养。一年以内、半年以上治愈的（须经学校指定医院证明能坚持正常工作的），可随下一届毕业生就业；半年内治愈的，可到原就业单位就业；一年后仍未治愈或无用人单位接收的，户口关系转至生源地，按社会待业人员办理。毕业生报到后，接收单位应组织复查。单位在 3 个月内若发现毕业生因健康问题不能坚持正常工作，经县级以上医院检查确属在校期间旧病复发的，报主管部门批准，可将毕业生退回学校，按照有关规定处理；如属新生疾病，按在职人员病假期间的有关规定处理，不得把上岗后发生疾病的毕业生退回学校。对于患有精神病（需县级以上医院证明）的毕业生，见习期内复发的，用人单位可将其退回学校，由学校退回家庭所在地。对于残疾毕业生的就业，仍按教育部、国家计委、劳动人事部、民政部〔85〕教学字 004 号文件精神处理。即学校录取的残疾考生，毕业后应按其所学专业，由学校帮助推荐就业，确有困难的，按有关规定由生源所在地民政部门负责安置。

5. 自谋职业和创业的政策

国家鼓励和支持毕业生自主创业、自谋职业。其政策包括：

（1）从事社区服务的自主创业的毕业生，经县以上主管税务机关逐年审核批准，可免征营业税、个人所得税三年，城市维护建设税和教育费附加随营业税一并免征。

（2）毕业生创办从事咨询业（包括科研、法律、会计、审计、税务等咨询）、信息、技术服务的独立核算企业或经营单位的，经税收部门批准，免征所得税两年。

（3）自主创业的毕业生新办的从事交通运输、邮电通信的企业或经营单位，经税务部门批准，第一年免征所得税，第二年减半征收所得税。

（4）自主创业的毕业生新办的从事公用事业、商业、物资业、对外贸易业、旅游业、仓储业、居民服务业、饮食业、教育文化事业、卫生事业的企业或经营单位，经税务部门批准，免征所得税一年。

（5）高校毕业生到边远贫困地区创办企业，经主管税务机关批准，可减征或免征企业所得税三年。

6. 第二学士学位毕业生就业政策

国家规定，在校生攻读第二学士学位，修业期满，获得第二学士学位后，原则上按第二学士学位推荐就业。这和普通高校招收的本科生的就业基本一样，即一是服从国家需要，二是坚持学以致用。在职人员攻读第二学士学位，修业期满，不论是否获得第二学士学位，均回原单位安排工作。已获得第二学士学位的毕业生工作后的起点工资与研究生班毕业生工资待遇相同。未获得第二学士学位者，仍按本科生对待。

7. 考研毕业生就业政策

多数考研的毕业生在择业时考研结果未定，应在协议中向用人单位声明，并且双方应达成共识，如果被录取为研究生，就业协议自动失效；否则，不能签订就业协议。

8. 委托培养、联合办学毕业生就业政策

委培生是指用人单位（或地区）委托高校培养的学生。委培生要按委培协议派遣，确因委培单位关、停、并、转不能接收的，应由委培单位主管部门出具证明，经市毕业生就业主管部门审核同意，就地就近安排就业，跨市安排就业的要报省毕业生就业主管部门审批。

学校与地方联合办学培养的毕业生原则上回联办地区就业，如因特殊情况确需改变就业去向的，须由联办地区毕业生就业主管部门同意，报省毕业生就业主管部门审核批准后，方可改变就业去向。

9. 定向生的种类及其主要就业政策

定向生，即定向招生、定向就业的毕业生。主要有两种：①贫困地区定向生，②行业定向生。定向生原则上按照入学时的合同就业。如遇家迁、升学、留校、参军等特殊情况，要出具相关证明材料，征得原定向地区（单位）的主管部门和所到地区（单位）的主管毕业生接收部门的同意，并报送省毕业生就业主管部门审查批准后，才允许改变就业单位。

10.毕业生二次择业政策

毕业生二次择业是指截至毕业生集中派遣时，仍未落实接收单位的毕业生，要派回生源省、市、区参加二次就业，原则上由省、市、区推荐就业，毕业生也可继续选择单位，在规定时间内落实工作的，毕业生就业主管部门可以为其办理二次派遣手续。

### （三）大学生就业的有关规定

（1）统一使用报到证的规定。根据教育部规定，目前全国统一使用《全国普通高等学校毕业生就业报到证》和《全国毕业研究生就业报到证》。报到证由教育部授权各省（自治区、直辖市）主管毕业生调配部门审核签发，特殊情况可由教育部直接签发。用人单位一律凭该报到证接收毕业生，各地公安机关凭报到证办理户口手续。

（2）报到期限的规定。毕业生的报到期限一般为一个月。一旦由于某种特殊原因，如生病、外出遇灾未归等，不能按期报到，应采取书信、电话、E-mail等形式向接收单位请假说明情况。否则，用人单位有权拒收。毕业离校时尚未就业并派回生源地的毕业生可在两年择业期内继续选择就业单位，报到期限随之适当延长。

（3）报到后工资、工龄的规定。国企和事业单位，根据劳动部〔1980〕劳总薪字136号文件规定：毕业生上半月报到的，发给全月工资；下半月报到的，发给半月工资。根据劳动部〔1982〕劳险便字9号文件规定：高等院校、中专学校和技工学校学生延期毕业的，应从他们正式报到之日起计算工龄。

（4）见习试用期的规定。根据国家有关文件规定，大学毕业生到达工作岗位后，事业实行见习试用期一年，私企按照双方约定算，一般3~6个月。见习期满后，经考核合格后转正定级。否则，可延长见习期半年到一年。延长见习期考核仍不合格的，待遇比定级工资标准低一级。

（5）定期服务的规定。根据国家有关文件规定，经见习合格后，毕业生必须到就业的工作单位连续服务五年（毕业研究生无见习期）。服务期满后允许合理流动。服务期满要求流动的，要按照科技干部管理的有关规定办理。

（6）用人单位不得拒绝接收的规定。现有高校毕业生就业方案是经过学生和用人单位双向选择后以协议形式固定了的，协议双方必须严守信誉，不得随意变动就业方案。用人单位不得拒绝接收或退回学校。如发现错派或确属调配不当，由用人单位和派出学校协商解决，不能单方面将学生退回。毕业生报到后，由于本人坚持无理要求造成用人单位退回者，责任自负。

（7）到非公有制单位就业的规定。国家鼓励毕业生面向多种所有制单位就业和多渠道就业。毕业生可以到外商独资、合资企业就业，也可以到个体、民营企业就业。到非公有制单位就业的毕业生，其档案及户口关系按国家和各级政府关于毕业生就业政策和有关规定进行管理。

（8）凡纳入国家就业方案的毕业生，可免交城市增容费。各有关部门也不得向毕业生收取上岗押金、风险抵押金等不合理费用。

（9）违反就业协议处理的规定。毕业生同招聘单位达成就业意向后，应及时与其签订《高校毕业生就业协议书》。协议一旦签好，毕业生、用人单位、学校三方都应严格履行，如有一方提出更改，须征得另外两方同意，并由违约方承担违约责任。

（10）改派工作的规定。以各地区或院校具体规定为准，由本院校的教师做出相关解释。在校保留档案的毕业生要求就业时，应由学校开具同意办理就业手续的证明，并说明学生的毕业时间、所学专业、就业单位。

（11）结业生就业规定。有接收单位的结业生，可参照毕业生的派遣方式办理派遣手续，必须在《报到证》备注栏上注明"结业生"字样；在规定时间内无接收单位的，由学校保留其档案，户口关系转至生源地，自谋职业。

（12）华侨和港澳台地区毕业生就业规定。华侨和来自港澳台地区的毕业生愿意留大陆工作的，学校可根据国家有关规定提供必要的帮助。留在大陆工作的港澳毕业生，可保留香港澳门身份证以及港澳同胞回乡证，便于他们往返探亲使用。

## （四）大学生就业的服务保障体系

大学生就业的服务保障体系主要包括：

（1）毕业生就业指导和服务体系。即由政府、学校及社会各方力量组成的集管理、服务、教育、指导为一体，相互联系和沟通的组织体系，其宗旨是为毕业生就业提供全方位的、高质量的、方便快捷的指导和服务。其功能有信息服务、就业咨询服务、职业指导服务、职业介绍服务、职业（创业）培训服务、社会保障服务等。

（2）劳动关系调整体系。即由政府、用人单位及员工组成的对供需双方在生产和工作中义务与权利、合作与冲突相互交织所产生的各种关系（如工作任务、工作时间、工作期限、劳动报酬、劳动保护、社会保障以及其他权利和义务等）予以调整的组织体系，它通过采取一系列手段，调整供需双方劳动关系，使之向着稳定和谐的合作方向发展。

（3）职业技能开发体系。它是政府与社会各方面根据市场和社会经济发展的需要，积极开发毕业生人力资本，调节毕业生供求平衡与素质结构，全面提高毕业生职业技能与劳动能力的组织体系。

（4）社会保障服务体系。即国家和社会依据一定的法律和规定，通过建立一系列的管理机构对社会成员的基本生活权利给予保障的组织体系。社会保障体系包括社会保险、社会救助、社会福利等方面的内容，是保证社会分配公平，维护社会良性发展和稳定的一项重要的社会政策和调节机制。

（5）宏观调控体系。即由国家政府部门组成的对市场经济的运行从总量与结构上进行调节、控制和引导的组织体系，它在市场机制充分发挥作用的前提下，通过结合运用计划、经济、法律、行政等手段，对毕业生供求及其结构、毕业生流向及毕业生就业市场的公平与效率等进行调控，以弥补市场机制的缺陷，同时做好毕业生市场的宏观分析预测与规划。

（6）法律法规体系。指遵循宪法规定的原则，通过制定相关法律、法规、制度，建立健全执法监督机制和法律服务机构，以规范市场主体行为，规范市场秩序，保护毕业生和用人单位的权益，使毕业生就业市场在公平、公正的健康环境中运行。

# 第二节　大学生就业制度的国际比较

近年来，随着世界经济发展的起起伏伏，各国劳动力市场的变化也是跌宕起伏，特别是大学毕业生的就业压力日益突出。基于大学生就业的现实考虑，更是基于前瞻性的战略思考，世界各国都极为关注对大学生就业的政策投入。因此我们可以借鉴其他国家的成功经验以促进我国的大学生就业。

## 一、发达国家的大学生就业制度

发达国家高校毕业生实行的"市场配置型"就业机制，概括起来就是"国家不包分配，高校不承担责任，学生自由择业"。这种就业机制是劳动力市场运行的一种方式，是就政府、企业、学校、求职者相互之间的组合与作用方式而言的。发达国家高校毕业生就业机制主要有以下几个特点：

### （一）政府加强宏观调控，为大学生就业提供完善的保障体系

在美、德、日等发达国家，由于实行市场配置的自由就业模式，高校毕业生就业完全纳入社会就业体系，政府对高校毕业生就业不负直接责任和义务，因此在推行高校毕业生就业方面不进行直接的干预和限制，主要是提供完善的保障体系，在市场运行失灵的情况下进行一些宏观调控，并提供完备的服务体系。

（1）完善法律保障体系，将大学生就业纳入法制化轨道。发达国家政府对劳动力市场和高校毕业生就业的重视主要体现在对有关法律法规的完善和就业市场的规范化管理上。在法律法规的制定上，各个国家通过制定一些相关的法律法规来规范和管理就业，保障高校毕业生的就业权利和用人单位的合法权益。这些法律法规的制定和实施既规范了毕业生劳动力市场，又保障了高校毕业生的就业权利，同时也维护了各用人实体的合法权益。特别指出的是，德国在就业法律法规方面有自己独特的一面。德国是目前西方国家中制定了最详尽的解雇程序的国家，且有独特的教育体制和就业管理体制。1947年，德国制定了《德意志联邦共和国基本法》，随后依据《基本法》制定了一系列新的劳动法规，如《职业教育法》《就业促进法》《训练促进法》等，这些法律的制定都旨在扩大就业需求，促进就业。

（2）制定多种有效政策，弥补市场调节的缺陷。"市场配置型"就业机制的特点是完全由市场调节劳动力人才的供求。因此，难免会出现市场失灵的现象，需要政府及时制定相关的政策来弥补市场调节的不足。发达国家的就业政策主要有两个方面：一方面是创造和保持足够的工作岗位，另一方面则是提供就业保障和服务。在创造和保持足够的工作岗位方面，日本和美国十分注重政策投入。在美国，针对特殊教育教师、护理、军人等存在大量需求的特殊职业，市场机制无法自发实现供求平衡时，政府就要制定特殊政策，通常最为常见的是免除学生的贷款义务，鼓励大学生从事这些特殊的职业。日本政府针对本国经济不景气、许多大学生失业这一情况推出政策，向现有企业提供补贴，以鼓励他们雇用高校毕业生，并鼓励创立新企业，从而创造新的就业岗位。在提供就业保障和服务方面，各国政府也都推出自己的相关政策，促进高校毕业生就业。日本政府要求毕业后一年尚未找到工作或找不到全职工作的毕业生在当地的就业保障办公室登记，以外包方式由公司和指定学校提供职业培训；德国则对毕业一年尚未就业的高校毕业生给予失业保险金，以便学生尽快渡过难关，找到合适的工作。各国政府的政策效果虽有差别，但总体来看，这些政策在微观和宏观层面上对高校毕业生整个就业机制正常运行都产生了积极的影响。

（3）设立专门机构，提供组织保障，实行全国就业信息网络化管理。例如，美国联邦政府劳工部设有下属的统计局和就业规划办公室，美国各州政府设有就业发展局负责推进就业。德国于1927年设立了联邦劳工局，虽然在1939年与政府劳工部合并，但在"二战"后又得以重建。从1997年开始，联邦政府在各州的大学生集中地专门设立36个大学协调组，这些协调组有的直接设在学校。每个协调组都有固定的编制和充足的经费，具体实施培训和服务规划。日本政府教育主管部门文部科学省设有专门管理大学生就业的机构，负责学生就业的部门为厚生劳动省。厚生劳动省设有管理学生职业综合支援中心。各都道府县也设有"学生职业中心"。劳动省的职业安定机关对应届毕业生进行就业指导和职业介绍等。这些就业机构在服务功能、服务内容和手段上都具有完善性、丰富性和时效性。随着互联网络的盛行，毕业生就业信息化、网络化已经实现。美、德、日等发达国家充分利用 Internet 等信息化手段，使国家、地方、学校的就业信息联成一体，实现就业信息资源网络化管理。

## （二）社会用人实体提供实习锻炼机会，中介组织提供专业优质服务

在发达国家，无论大型企业、中小型企业，还是国有企业或私营企业，都十分注重吸纳人才的工作。这些用人实体十分重视与各高校的紧密合作，包括给予可观的经费支持，为政府就业中介机构定期发布可靠的招聘信息，与高校共同开展就业指导教育和职业能力培训，在各高校开辟人才招聘市场等等。

最值得一提的是，一些发达国家的企业很注重为即将毕业的学生提供实习机会，推出独具特色的"实习生计划"。如美国的微软、通用电器公司、惠普公司、德国的宝马等大公司和许多中小公司每年都接收即将毕业的学生来本公司实习，毕业生的实习期从1个月

到 6 个月不等。在实习期间，大学生可以学习公司的运营及管理情况，实习结束后公司会对学生进行书面评价。如果学生愿意，实习期间表现突出的毕业后可以留在公司工作。这样既为公司节省培训成本，也为学生提供就业实习机会，可谓一举两得。在国外，服务于大学毕业生的就业中介机构多种多样，有营利性的，也有非营利性的，还有一些人才租赁公司、人才中介公司、猎头公司等社会性的中介服务机构同样为高校毕业生就业大开方便之门。这些中介机构的主要职能是针对当前毕业生求职中所遇到的各种问题进行指导，并对就业市场进行前景预测，帮助学生选择并获得满意的工作，为雇主制订有效的人员招聘计划并提供优秀人选。其中美国的"全美高校和雇主协会""开展临时性中高级职员租赁业务的伏特信息科技公司"，日本的"民营职业介绍协会""全国求人信息协会"等都是非常著名的。另外这些中介机构还出版职业介绍杂志，其中美国的《择业》，日本的《求人情报》和《临时工信息》等颇具代表性。

### （三）高校建立完备的毕业生就业服务体系，切实为毕业生就业服务

（1）就业指导机构专门化，就业指导人员专业化。在美、德、日等发达国家，各高校都设有专门对毕业生就业进行指导的专业机构。这些就业指导机构设备齐全，资金充足。特别是这些就业指导机构的指导人员都是拥有高等教育学或心理学硕士以上学位的专业人士，同时各高校就业指导机构还聘请一些校外的专家学者对学生进行就业咨询和指导，使学生得到专业、优质、满意的就业指导。

（2）服务内容丰富细致，服务方式注重全程化。美、德、日等高校都十分注重学生就业服务的质量和内容。学生入学前，各个高校就派出专门人员对高中毕业生进行入学咨询服务，帮助学生根据自己的兴趣、爱好选择合适的专业。入学后，各高校通过心理测试、咨询等手段引导学生进行正确的自我评价，帮助学生确定职业方向。同时对大学一年级到四年级学生开设不同内容的就业指导课程。而且这些高校的就业指导是全程式的跟踪服务，从学生入学前、入学后，到毕业走上工作岗位，高校就业指导中心都给予关注。

（3）就业服务信息化、网络化。发达国家各高校都十分注重对毕业生的就业信息服务。通过信息网络及时把各种社会需求信息收集起来，学生可以随时通过信息网络查到自己所需要的全国乃至世界各地的需求信息，也可以把求职信息通过网络传送给雇主。此外，在各大学就业指导机构还备有各类有关就业指导的图书、报纸、杂志、企业介绍材料，供学生随时查阅。

（4）注重对外宣传交流，与用人实体紧密联系。各高校十分重视对就业指导工作本身的推广，通过舆论扩大工作影响，进行对外宣传交流工作。一方面面向用人单位宣传学校的办学质量，扩大学校影响，提供就业招聘服务，强化需求关系，寻求与用人单位的合作；另一方面加强校际交流，提高工作水平，实现就业信息和资源的共享。针对许多用人实体非常看重学生的社会经历、实践经验的特点，国外许多高校都为学生提供一些专业实习的机会，组织学生进行社会实践和调查活动。

## 二、发展中国家的大学生就业制度

发展中国家正处在经济发展过程中，同时也伴随着高等教育的迅速发展，并出现了迅速壮大的大学生队伍。但与此同时，各种经济震荡，又冲击着发展中国家大学生的顺利就业，尤其是发展中国家大学生就业机制上的不成熟不完善，使得这些国家的大学生就业制度更加凸显政府主导的倾向。

### （一）通过国家颁布政策规定，实施促进就业的发展战略

近邻泰国，人口约 6500 多万，人口密度与我国接近，为了全面系统地促进大学生就业，泰国政府于 1998 年底推出了一个"减少失业行动计划"，该计划七个措施之一的"烛光工程"专门解决大学和各类技术学校学生的就业问题。为了对付每年大量出现的失业大学生，泰国政府还出台了一个上山下乡政策，"即从新财政年度中拿出 50 亿铢，为刚毕业的大学生创造了 7.5 万个工作机会，让他们到各地参与管理乡镇发展基金或一村一产品计划。申请参与这一计划的每个毕业生将到乡村接受为期 10 个月的半工半读培训，每月国家为其支付 6360 铢，其中 600 铢作为学费再返还给政府"。2009 年，金融危机影响下，在谈及促进大学生就业问题时，阿披实（时任泰国总理）说，"我们将帮助应届毕业生快速找到工作……将使他们在面向学校以及帮警方监视非法网站方面的政府岗位上就业"。巴西推出了"初次就业计划"，重点支持就业市场中的弱势群体，尤其是改善青年人的就业形势。据统计，"目前巴西城镇居民的失业率达 7.6% 左右，而且就业市场仍在一步步缩小。政府推出的初次就业计划，旨在发挥社会各阶层的作用，在全国范围内建立一个促进青年就业网"。自 2003 年以来，巴西政府通过采取有力的宏观经济调控政策，严格控制通货膨胀，维护大学生就业市场的稳定，为增加大学生就业岗位创造了良好的经济环境。同时，巴西政府将发展战略逐步由"经济增长优先"向"促进就业优先"转变，为全面实现充分就业的经济增长策略创造良好的环境。在印度，实施农村就业计划，包括农村工程计划、农村服务中心计划等，金融危机下，"印度代理财政部长慕克吉近日向国会提交了临时预算案。根据该预算案，印度政府将在下一个财政年度增加公务员岗位 9.2 万个，增长率为 3%"。

### （二）调整教育发展战略，大力开展大学生职业培训

印度为了适应经济社会发展和体制改革所带来的大学生就业结构的变化，各类高等院校不断调整专业设置、专业培养方案、专业招生计划人数等，注重培养大学生的自主就业意识、就业技能等等。印度各类高校按照政府同意的计划安排，积极实施职业定位教育，相关的职业课程开设进大学课堂，"印度大学拨款委员会 (UGC) 还专门成立了职业教育管理委员会 (SCOVE)，旨在各高校引进职业教育课程、培训教师、编写教材以及监督教育计划实施过程。与此同时，印度政府正在寻求世界银行资助，力争四分之一的印度高校大学生都能接受系统的职业教育培训"。巴西政府制订了详细的国家就业培训计划，将该计划与增加就业机会、提高大学生就业素质等各项工作结合起来，积极引导全社会各行各业

共同参与大学生职业培训。

**（三）加强政府的就业服务职能，健全大学生社会就业服务系统**

"巴西劳工部从 1975 年开始推广实行全国工作体系，规定各级政府要设立专门的劳动中介机构，旨在向求职者提供有关的就业信息，向用人单位提供劳动力资源信息。目前，各级政府劳动局均设有专门的公共就业协会，充分利用网络、媒体等手段，建立人才库，随时跟踪劳动力市场的供求情况，为供求双方建立畅通的联系渠道。"印度并没有设置专门的大学生就业市场，大学生就业找工作的市场化意识比较强，印度政府只是将大学生就业市场作为整个劳动力市场的一部分来看待。大学生主要通过较为成熟的高校就业指导服务中心和社会职业咨询机构两个渠道来实现就业。

# 三、国外大学生就业制度对我国的借鉴意义

综合来看，发达国家与发展中国家在促进大学生就业的制度上，主要有以下几点区别。一是促进大学生就业的认识上，发达国家注重大学生就业市场化的运作方式，发展中国家注重对大学生就业的积极政府作为，通过政府力量，提供大量的就业岗位。二是促进大学生就业的政府责任上，发达国家强调维护公平公正的就业环境，发展中国家强调国家加快发展经济，调整教育结构。三是在促进创业上，发达国家走在了发展中国家前面。虽然世界各国国情各异，高等教育制度、高校管理体制、毕业生就业机制等也有很大差别，但是随着我国市场经济的发展，劳动力的市场配置机制也不断完善，国外高校毕业生就业机制方面的有益经验值得我国借鉴。主要有以下几点：

**（一）激发创业精神，创造就业岗位**

解决大学生就业的根本在于就业岗位的增加，而就业岗位增加的根本在于不断的创业活动。借鉴国外的经验，可以放松市场管制与市场准入，扩展创业空间；降低创业的行政成本、税收成本与风险成本，从而提高创业的预期收益；创建创业信息系统和创业融资体系，提供创业支持。

**（二）提供就业激励，满足特定需求**

在需求方面，国家必须通过有效的政策刺激以促进劳动力市场实现均衡，鼓励大学生到特定地区（基层、贫穷落后地区）、特定企业（中小私营企业、乡镇集体企业）、特定职业（中小学教师、乡镇医生、护理）就业，并对大学生的收益差进行合理补偿。

**（三）改进教育体系，提升就业能力**

教育体系改进的方向是根据市场的需求来确定专业设置、教学内容、教学方法。教育体系改进的目标是大学能够提供一种学习环境从而使毕业生拥有广泛的技能（从技术技能到人际技能和解决问题技能）为其就业做好准备；大学必须继续提供学习机会以使得毕业生能发展综合技能从而有效地适应市场需求的变化。为此，大学需要建立起与市场（用人

单位）的密切联系，跟踪了解市场需求及需求的变化，并尽快在所有的教学领域中对此做出反应。

### （四）完善职业指导，提高市场效率

在市场机制的基础上，通过立法建立毕业生就业指导体系，使之制度化。毕业生就业指导体系包括：建立大学生就业信息系统，并与全国各地的劳动力市场信息系统联网，各高等教育机构之间也联网，构成一个完整系统；建立职业指导机构和中介组织，指导学生进行有效的自我评估、职业开发以及制定工作寻找战略，为学生提供平等、充分的信息与指导服务，以帮助学生进行职业决策，让他们能够将职业规划战略融入其终身规划之中；实施全程指导，从学生入学到毕业后几年内始终进行；建立职业顾问队伍，建立职业顾问资格注册体系，强化职业顾问的培训，使之朝着职业化、专业化和专家化方向发展；建立职业指导课程，列入学校教育课程内容和教学计划之中，并给予学分。

### （五）强化政策研究，确保干预得当

尽管任何政策干预都有大的风险，但建立全面的政策分析评价系统，确保政策干预取得积极效果是非常必要的。因此，我国的就业政策制定要研究中国特定的社会经济结构、劳动力市场发展的趋势以及大学生就业的特点；认真研究发达国家就业政策的前提条件、政策措施、政策传导机制、最终结果以及不同国家就业政策的比较；界定大学生就业问题，确定解决问题的范围与目标，提出解决办法，制定政策草案，并对就业政策效应做预前模拟研究；对政策实施进行跟踪研究，并进行阶段性评估和反馈，以便于政策决策的改进。政策干预既要解决市场失灵，更要避免政府失灵。在就业政策领域，首要的目标是不能对劳动力市场的运行产生负面影响；其次是有效改进就业结构，促进就业增长。

# 第三节　大学生就业制度的创新思考

目前我国已实现了经济的快速增长，然而我国大学生就业形势日益严峻，如果这部分人口的就业问题得不到有效解决，不仅造成人才和教育资源的浪费，甚至影响社会的稳定和发展。在市场经济条件下，创新和完善大学生就业制度可以稳定大学生就业大局，提高劳动者对失业的承受能力，为大学生就业提供一个安全网。因此，完善大学生就业制度既是一项有利于社会持续发展的长远计划，又是当前形势下的燃眉之需。

## 一、完善大学生就业制度的必要性

### （一）完善大学生就业制度是大学毕业生顺利就业的需要

完善大学生就业制度有利于大学生在思想上转变就业观念，并清醒地认识到每一个大

学生必须提高综合素质，具备过硬的就业能力，才能实现顺利就业，从而能促使大学生在校学习期间，更加珍惜校内外的各种学习资源，有效提升就业能力，为就业做充分的准备。

完善大学生就业制度有助于保障失业大学生的基本生活，增强大学毕业生的自立意识。建立制度化的就业保障模式，会产生一种约束力，也可以解决大学生尊严缺失问题，大学生必然会欣然接受，也不会觉得没有面子而放弃申请，社会各界对他们的关心与帮助也会更大程度地落到实处。通过提供基本的生活来源，使他们意识到毕业后再也不能处处依靠父母，应该经济独立。这种自立意识将在一定程度上促使他们积极搜寻工作，早日就业。

完善大学生就业制度有利于减缓个人心理承受负荷，缩短大学生的失业持续时间。大学生初次就业率下降，抵御失业风险的能力又弱，因而就业保障具有特殊的意义。劳动力市场的供求波动、就业困难必然会导致部分大学生成为长期失业者，就业受挫会导致他们心理失衡，行为出现偏差。完善大学毕业生就业保障制度，不仅能保障大学生的基本生活，减少人力资本投资的损耗，调整大学生的心态，平衡情绪，还有利于失业大学生重新认识自己和社会，提高就业能力，从而缩短失业时间，避免长期失业的发生。

### （二）完善大学生就业制度是高校生存和发展的需要

当前，以就业为导向是高等学校办学的新思路。国家及省教育主管部门每年公布高校一次性就业率，并明确提出对连续几年就业率低的专业或学校给予黄牌警告、停止招生等。完善大学生就业制度不仅能确保高校培养出高质量的大学生，解决其自身存在的问题，也是社会对高校的必然要求。

就业率高低成为大学竞争力的重要标志。就业率对大学竞争力产生重要影响，主要表现在：其一，就业率直接影响高校招生的数量和质量。严峻的就业形势使得学生和家长在填报志愿时非常关注所报专业的就业率。就业率的高低成为高校争夺优质生源的重要筹码，毕业生的就业状况也逐渐成为评价大学办学效果的重要指标。其二，就业率影响大学在排行榜上的位置。大学排行榜是社会大众了解大学的便捷渠道，由于社会大众对大学生就业的关注，使得就业率和就业质量逐渐成为大学排行榜的重要指标。虽然就业率的高低不等同于就业质量的高低，但在很大程度上能反映出就业质量水平。而完善大学生就业制度的最终目的就是提高大学生就业率，保障其就业质量。

完善大学生就业制度是高校可持续发展的有效途径。由于我国正处于高等教育向大众化转变阶段，政府加大了对高等教育的财政性经费的投入力度，越来越多的青年人有机会接受高等教育。同时，在中国这个特殊的文化背景下，送子女接受高等教育并希望通过读书来改变以及维持自身和家庭的社会地位是每一位家长的期盼。高校扩招满足了社会大众对接受高等教育的渴望，但只有学生能就业才能获得更多的社会支持。完善大学生就业制度能使大学生顺利就业，进而在事业上取得成功，这样必然提高社会大众对大学的满意度。反过来，学校则可以根据学生的就业状况以及市场的反馈信息，来调整资源配置、调整课程和专业设置，提高人才培养质量，使高校办学更具有效力。

### （三）完善大学生就业制度是构建和谐社会和实现中国梦的需要

完善大学生就业制度有利于社会稳定。大学生就业不仅是个人生存和发展的基本条件，也是关乎社会健康、稳定发展的大事。首先，大学生毕业即失业，会给他们的生活造成很大的影响。建立大学生就业保障制度不仅能够在一定程度上解决大学生的基本生活问题，而且能够进一步减少由于大学生失业所导致的一系列社会问题，有利于社会的稳定。其次，大学毕业生是较高层次的、非常活跃的社会群体，他们如果成为知识阶层的"新失业群体"，社会的不稳定性和潜在危机感容易增多，可能引发群体事件。当一个社会群体的失业率突破一定界限时，不可避免地会导致社会的稳定性受到冲击。最后，从社会长远来看，大学生就业困难将破坏社会公平的原则，导致人才流通不畅，劳动力资源配置出现严重扭曲，最终造成人力资源的巨大浪费。

完善大学生就业制度是构建社会主义和谐社会和实现中国梦的必然要求。解决大学生就业是和谐社会的重要保证，和谐社会是一个庞大的系统工程，需要社会政治、经济、文化等各方面的协调与配合。和谐社会是各阶层和睦、各尽所能、各得其所的社会，是人们的聪明才智、创造力得到充分发挥和全面发展的社会，是经济社会协调发展的社会，是人与人、人与自然协调相处的社会，是追求公平和良性运行的社会，实现充分就业是构建和谐社会的基本要求之一，公平就业是构建和谐社会的基石。受过高等教育的大学生是整个社会的宝贵财富，积极发挥他们的聪明才智，保障他们就业，对缩小贫富差距、维护社会公平、构建社会主义和谐社会等都具有紧迫的现实意义，并将产生重大而深远的影响。

## 二、我国大学生就业制度的创新与完善

### （一）政府视角：完善就业政策，优化宏观调控

随着我国经济社会的进一步发展，今后我国的大学生就业制度应在国家宏观就业政策指导下，建立"以市场为导向、以学生为中心、以满意为原则、以顺利就业为目标"的新模式，为大学生顺利就业提供宽松的环境。

1. 推进大学生就业的政策和行政制度改革

我国大学毕业生的就业，不仅需要市场经济的自身调整，更需要政府的行政干预。政策机制的健全是做好毕业生就业工作的关键，政府必须按社会经济的发展和需求，调整高校毕业生的就业政策，建立毕业生就业保障制度，健全用人机制，促使毕业生就业。

（1）实施更加积极的就业政策。政府通过调控制定相应的就业政策对就业市场和毕业生整体流向进行控制，以达到人才资源的合理配置。按照就业市场的运行规律，市场如果无法自发实现供求均衡，就需要就业政策的介入。

要加大配套制度改革，促进就业工作科学化，加大劳动制度、人事代理、户籍管理和社会保障制度的改革力度，扫除各种体制性障碍。第一，加大用人机制、单位编制等制度的改革力度，扩大机关、事业、企业单位的用人自主权，使用人单位真正做到有用的人能

进，无用的人能出。第二，加强户籍、档案制度的改革。取消户口限制，为边远地区、小城镇、农村的大学毕业生打开方便之门，使人才能合理流动。第三，建立起完善的毕业生就业社会保障制度，成立专门的管理部门，为未就业的大学毕业生提供服务，解除其后顾之忧。第四，简化就业程序，减少就业限制。减少对毕业生生源、专业、性别的限制，与毕业生就业的有关部门协调一致、互相支持，保证就业政策的贯彻落实，相对统一和延长(1~3年)大学毕业生择业的时间和用人单位的选人时间，并简化就业程序，保障就业渠道的畅通。

要促进大学生基层就业。广大农村及中西部中小城镇具有广阔的发展空间，大学生基层就业是知识青年与基层实践相结合的新尝试，对当前促进大学生就业和推动基层建设都意义重大。中央政府在促进大学毕业生基层就业方面已经出台了很多措施。例如，大学生志愿服务西部计划、农村教师特岗计划、到基层农村"三支一扶"计划、高校毕业生应征入伍、选聘高校毕业生到村任职计划等。我国政府为高校毕业生基层就业制定了非常翔实而具体的政策。但随着大学毕业生规模的持续扩大，就业人口不断增加，政府应该进一步完善基层就业政策，增加就业岗位。第一，在实施西部志愿者计划的基础上，进一步探索中部、东部志愿者计划。西部由于历史、自然、经济等发展局限，基层吸纳大学生的能力毕竟有限，为此，应拓宽大学生基层就业渠道，把视野放到全中国。第二，大力宣传各项优惠政策和到基层就业典型，营造大学毕业生面向基层就业的良好舆论导向，唱响到基层建功立业主旋律。第三，积极实行大学毕业生面向基层就业定向招生制度，由高校与基层用人单位签订定向培养协议，学生毕业后到协议单位就业。第四，加大基层服务者的经济投入，提高待遇水平，完善基层就业的福利制度，如"五险一金"的缴纳额度应与当地的市(区)级城市保持一致，逐步缩小城乡劳动力市场分割。

要建立大学生失业救助制度。针对因患病等原因在短期内无法就业且生活困难的大学毕业生实施救助。大学生失业救助制度能有效地保障暂时失业大学生的基本生活，并能通过适当的制度设计发挥其促进就业的功能。保障首次未就业大学生的基本生活对弱化失业的负效应，稳定社会秩序有重要意义。建立大学毕业生失业救助制度，应充分发挥其促进就业的功能，为失业大学生提供免费的职业培训，提高其就业能力，逐步树立"从救济到工作""以就业求自立"的积极的失业保障理念。

（2）控制高等教育发展规模和速度。要适当控制高等教育发展规模和速度，改善大学毕业生地区分布失衡的状况。高等教育要"适应国家和区域经济社会发展的需要，建立动态调整机制，不断优化高等教育结构"。一方面，高等教育规模不能超越社会总的人才需求，应充分重视市场需求，把握社会经济走向和就业市场的变化，按照社会发展的方向设置专业课程、控制招生规模和调整人才培养模式。"优化区域布局结构，设立支持地方高等教育专项资金，加大对中西部地区高等教育的支持力度，实施中西部高等教育振兴计划。新增招生计划中向中西部高等教育资源短缺地区倾斜，扩大东部高校在中西部地区招生规模。"另一方面，对于中西部等经济欠发达地区，政府有关部门不仅要提高其现有的高等学校办学水平，扩大办学规模，还要帮助其创办新的、满足当地社会经济急需的专业；对于大城市和经济较发达的地区，国家应侧重在政策上给予其更多的自主发展高等教育的空间。此外，政府要对社会经济发展的客观需要进行研究和预测，根据预测调整高等教育布局，调整招生数量和专业分布，使高等教育与社会各方面协调发展。建立高校分类体系，实行分类管理，合理调控重点大学、一般本科院校以及专科学校的层次比例，使大学生的地区分布趋于合理。对于一些社会需求不大、就业率过低的专业，应减少招生人数，甚至停止招生。从高等教育发展的全局来看，有利于缓解毕业生就业压力，有利于高等教育的健康发展。

（3）加强政府的就业监督职能。政府履行监督责任主要体现在以下四个方面：第一，加强对就业市场进行监督，禁止就业歧视。面对日益复杂的市场环境，政府应随时审视自己在大学生就业中的责任，严格监控就业市场，为大学生构建一个公平的就业环境；同时政府还应加强监督劳动力市场中的就业歧视现象，对就业歧视现象给予严厉处罚，维护大学毕业生的正当权益，使所有大学生通过公平竞争实现平等就业。第二，加强对用人单位的监督。对机关、事业单位等用人行为进行监察，对企业和其他社会组织招聘情况、履行国家政策情况进行监控。目前，有很多用人单位拒收应届毕业生，提供虚假材料，向毕业生收取不合理的费用等，针对这些问题，政府部门必须监督用人单位招聘过程中出现的非法或不正常现象，禁止用人单位在招聘过程中徇私舞弊，以此推进我国人事制度改革，健全和完善大学生的就业权利。第三，加强对大学生诚信就业的监督。政府应监督大学生诚信就业，保证就业市场健康发展。大学生在就业过程中虽然处于弱势地位，但有些大学生在就业过程中提供虚假材料，或无故违约。为此，政府可以设立专门的网站，建立诚信档案和学生信誉网上查询系统，维护良好的诚信就业市场环境。第四，政府作为监督主体要对自身进行监督，主要体现在对政府工作人员的监督以及公务员的相互监督。一是对政府公务员促进大学生就业政策落实情况和职责履行情况进行监督，确保各项政策真正落到实处。二是中央政府应监督地方政府的就业工作，定期和不定期考察各项具体政策的落实情况，同时督促相关部门互相监督，竭力实现就业工作效益最优化。

2.完善大学生就业的法律制度

大学生就业制度的完善，要有国家的法律法规做保障。就业保障体系的运行应该建立在法制的基础上，就业保障的实现也要依靠法律的权威做保证。政府应建立和健全高校毕业生就业法律法规，充分发挥法律法规的效应，从根本上使高校毕业生走上依法就业的道路。针对当前高校毕业生就业市场的状况，政府应着重从以下几个方面加以改进和提高：

（1）强化政府的法治意识。政府的法治意识，主要体现在依法行政，重视履行宪法和法律赋予的职责，依照法律、法规、政策的规定进行行政管理。无法律则无行政，法律大于权力，法律高于政府和政党，没有法律以外的政府和政党。凡是法律没有授权的，政府都不得为之，否则就是超越职权或者滥用权力，就是违法。行政机关行使行政权力必须做到公平和公正，排除不相关因素的干扰。政府法治意识作为建设法治政府的内在而强大的精神动力，作为引领广大公民迈向法治社会的精神指南，不是自然而然地形成的，而是在政府行政过程中通过学习教育、社会各种力量的监督制约以及在行政管理的实践中逐渐形成的。首先，应加强行政立法。由于大学生就业是一个复杂的系统工程，涉及的政府职能部门较多，部门之间由于职责不同可能出现工作相互交叉、重复或者相互推诿，因此，政府应明确各级政府以及各政府部门之间在大学生就业中的具体职责，规范自身的政府行为，防止政府责任缺位、越位和错位。其次，政府公职人员应加强对法律知识的系统学习，不断提高法律素质，增强民主法治观念和法律素养。再次，应发挥民主监督的作用，加强权力机关监督、专门机构监督、群众监督的法律制度的建设，促进我国社会主义法制监督体制的形成和有效地发挥作用。最后，在依法行政的实践中提高法治意识。政府工作人员在自己的日常具体活动中，如果都能忠实地履行宪法和法律赋予的职责，严格依法行政，合法行政，程序正当，权责统一，就能充分显示出法律的严肃性、强制性、权威性和公正性，就能对政府工作人员产生一种无形而有力的引导作用，使他们在观念和心理上产生对法制权威的信任和服从。

（2）完善大学生就业法律保障制度。就业保障制度的建立和完善离不开完善的法律法规。通过建立大学生就业的法律法规，制定高校毕业生就业工作的方针和原则，用法律形式明确公民的就业权利、国家政策支持、职业教育和培训、就业服务和援助、法律责任等，形成较为完善的就业保障法律体系。同时，依靠国家授权的仲裁、监督、执法机构相互配合，使毕业生就业工作做到有法可依、有章可循。

第一，政府应制定相应的《普通高校毕业生就业促进法》。该法旨在建立促进大学生就业的基本法律制度，是实现充分就业的法律保障。制定《普通高校毕业生就业促进法》的基本指导思想是实现大学生就业增长与经济增长同步。其基本思路是以党和国家及政府职能部门现行有关促进大学生就业的政策性文件为基础，以加强大学毕业生的权益保护为目标，广泛吸收国外大学生就业立法的经验，规范就业管理、大学生就业优惠政策、大学生就业的权益保护、大学生创业税收优惠政策和金融政策、大学生社会保障措施等等，为大学生就业保障制度的建立与完善提供强有力的法律保障。

第二，加强《反就业歧视法》的建设。所谓就业歧视，据国际劳工组织在1958年通过的《关于就业和职业歧视公约和建议书》，是指"根据种族、肤色、性别、宗教、政治观点、民族、血统或社会出身所做出的任何区别、排斥或优惠，其结果是取消或有损于在就业或职业上的机会均等或待遇平等"。同时，公约第1条还特别指出，由会员国政府在同有代表性的雇主组织和工人组织以及其他的适当机构协商以后可能定出的其他这一类区别、排斥或者优惠，它们也产生取消或有损于在就业或者职业上的机会均等或待遇平等者，也是"就业歧视"。就业歧视行为在我国的大量存在已经成为不争的事实，对大学生就业过程中遇到的就业歧视现象应引起重视，就业歧视是对平等就业权的损害，因此，应该增加反就业歧视条款的数量，用法律形式禁止明显的就业歧视现象。

第三，明确《全国普通高等学校毕业生就业协议书》的法律地位。在就业协议的内容方面，高校毕业生就业作为社会就业的一部分，必须以《劳动法》等有关法律为依据。毕业生就业协议书应该有劳动合同中具有的最一般的、必要的内容和条款，其中包括服务期、工作岗位和条件、工资报酬及福利待遇、就业协议的中止条件、违反协议的责任等。我国的就业问题，尤其是大学生就业压力的问题，不是短期内就能够得到解决的，这将是一个长期存在的社会问题。对于就业市场、就业环境来说，需要有明确的规章制度来对其进行规范和约束，使其能够良性运行。对大学生来说，公平合理的就业环境是非常重要的客观条件。大学生作为就业中的弱势人群，如果不能得到公平对待，不能免于歧视，不能维护自己的合法权益，其就业期望与动力将会受到严重的损害，这将更加不利于就业问题本身的解决。而公平合理的客观环境只能依靠法律法规来进行规范，只有公平合理的就业环境才能对经济发展产生有利的影响，进而为就业问题的解决提供更多的机会和可能。

（3）加大就业法律的执法力度。依法行政不仅是现代法治国家所普遍遵循的一项法治原则，也是各国据此原则所建立的一整套行政法律制度；不仅是现代政府管理方式的一次重大变革，更是现代政府管理模式的一场深刻革命。近年来关于大学生就业的法律、法规不断颁布，但是我国现行法律、法规的规定还不够严格，漏洞逐渐显现，知法犯法违法不究的现象阻碍了大学生就业过程的顺利进行，因此应继续完善劳动立法和社会保障立法，加大执法力度。

首先，要明确侵害大学生就业权的法律责任。大学生的就业权包括：职业获得权、自由择业权、平等就业权、职业安全权、职业培训权等。无论从法律的角度看，还是从人性的角度看，劳动者作为生产力中最活跃的因素都应当受到特别的保护。而在现实中有些用人单位却知法犯法、钻法律的空子，或者认为即使受处罚也无关痛痒，这些现象暴露了我国法律的不足之处。因此，在保障大学生就业权的问题上，必须制定对用人单位有震慑力的法律，明确用人单位损害大学生合法权益所应承担的法律后果。

其次，要加大对违法中介机构的处罚力度。政府应加大综合执法力度，联合劳动保障部、公安部、人事部等各部门的力量共同出击，对中介机构的违法欺诈行为依法严惩。一是要定期审核职业中介机构的经营资格，核实招聘岗位信息和数量，建立职业中介机构诚信档案，对没有营业执照、从业人员合格证或乱收费、欺骗大学生的职业中介机构予以坚决查处，甚至取缔。二是要对网络、报纸等新闻媒体严把宣传关，确保就业广告的真实性。加强新闻媒体等的第三方的评价和监督，对于违法和非法的中介机构，新闻媒体要公开曝光。三是要建立一支高效廉洁的职业中介监察队伍，成立专门的投诉机制，使学生、高校、企业及社会的沟通渠道畅通。

## （二）社会视角：改善就业市场环境，建立市场信息平台

目前，高校毕业生就业市场仍处于"政府诱导型"，即较多由各级教育部门和高校采取各种措施和政策，引导和推动毕业生到市场择业。但随着毕业生的逐渐增多，就业市场需要逐步向"市场主导型"转变，充分发挥用人单位、中介组织机构、劳动力市场等在社

会人力资源配置中的作用，分工协作，建立和完善一个动态的大学生就业服务网络，共同努力促进高校毕业生就业。

自主择业政策的实行，标志着我国毕业生就业市场的建立。目前我国大学生就业市场发育不完善，市场环境存在诸多问题，导致就业成本较高，缺乏良好的就业市场秩序。因此，我国就业市场建设的当务之急是优化市场环境。

1. 消除劳动力市场的制度性分割

目前我国统一的劳动力市场还未形成，成为实现人力资源有效配置的重要制约因素。而且由于劳动力市场不够完善，信息沟通不畅，大学毕业生和用人单位只对当地市场信息有了解，忽视了整体市场信息，造成了用需双方信息不对称。同时还由于大学生就业市场存在拥挤与隔离效应，使得大学毕业生在各行业、各地区之间很难自由流动，消除劳动力市场的制度性分割是促进大学生就业的必然选择。劳动力市场的制度性分割实际上是由于二元经济结构和区域发展不平衡造成的，消除劳动力市场分割首先要统筹城乡发展和区域发展，缩小区域之间、城乡之间的经济发展差距，通过西部大开发、中部崛起、新农村建设和城镇化推进等进行经济战略转移，使贫富差距、地区发展不平衡得到缓解。其次要消除各种制度性障碍，充分利用市场机制对劳动力市场的调节机能，扫除体制性障碍，适应社会主义市场经济的要求。市场经济在我国已建立并得到完善，而沿用计划经济时期的户籍制度，完全不能适应市场经济发展的要求。因此，必须改革现行户籍制度，疏通大学生城乡之间、各省之间合理流动的渠道，使劳动者可以在各地区之间自由流动，劳动力市场也可以通过价格机制在全国范围内对劳动力进行合理配置。最后是要精简机构，改变当前劳动力市场部门分割管理的现象，整合行政资源，组合工作重复的相关部门，填补就业工作的"真空地带"。

总之，要按照市场经济的发展规律，消除各种体制障碍，消除劳动力市场的制度性分割，使劳动者在全国范围内得到有效的配置和利用。

2. 建立劳动力市场信息平台

劳动力市场是一个典型的非对称信息的市场，这是导致劳动力市场失灵的原因之一。我国地域辽阔，地区发展水平差异大，这给劳动力市场信息的传播带来了更大的挑战。而且一些高校和地区的上报数据透明性差，公开性低，存在误报瞒报的现象，有地方保护主义。劳动力市场的信息不对称使得一方面有些大学生找不到工作；另一方面用人单位招不到人才，而且使学生和家长对专业选择发生错误的估计。为了避免这些现象的发生，应该建立开放的、共享的、准确的劳动力市场信息平台。首先，要建立劳动力市场信息网络系统。在目前情况下，大学毕业生市场竞争日益激烈，建立劳动力市场信息网络系统不仅必要而且更加迫切。劳动力供求信息网络能够为大学毕业生提供更多的机遇，减少大学毕业生就业的盲目性，实现供需均衡。对各地劳动力市场进行动态跟踪，把握市场需求脉搏，有利于用人单位及时发现人才信息，大学生及时了解市场需求动态和企业用工信息。其次，要建立统一的完全性劳动力市场，实现宏观经济政策与统一的劳动力市场建设相协调。建立统一的完全性劳动力市场，是实现人力资本有效配置、促进就业增长的前提。在区域发展政策、产业发展政策、所有制结构调整政策、城镇化政策等宏观决策中，都要把有利于形成统一的劳动力市场作为重要因素考虑，打破地方保护、行业保护等，破除封锁。同时要创立一种富有活力的劳动力市场调节机制，为未来的劳动力市场发展，实现市场主体的公平竞争奠定基础。

### （三）高校视角：完善就业指导体系，提升大学生就业能力

随着我国就业制度改革和高等学校毕业生供求矛盾的变化，促进高校毕业生就业已经成为高校的一项基本职能和社会责任。高校在大学生就业服务工作中起到了积极的作用，具体表现为在国家各项政策指导下，主动与用人单位联系，帮助大学生实现更好更快的就业。在大学生就业过程中，高校一直都是积极的主力军。从高校角度来讲，应该通过提升大学生就业能力，深化人才培养模式改革，强化高校就业指导职能，加强创业教育等多种途径来促进大学生就业。

1. 培养大学生创业意识和创业能力，提升大学生就业能力

高校承担着为国家培养有用人才的重任，人才能否被社会所需要成为衡量学校办学水平高低的标准。大学生毕业后依靠自己的实力自主择业，而这一实力则来自在学校所接受的教育和培养。自主择业的就业制度是对学校的专业设置、学术和教学水平、教育管理水平的重大考验。大学生就业不仅关系到大学生的切身利益，也关系到高校的存亡。解决大学生就业问题的关键在于重视教学质量的提高，提升大学生的就业竞争力。

创业教育已成为高等教育改革与发展的全新理念，在高校中培养学生的创业能力尤其重要。只有具备创业能力，毕业生才能从被动的求职者变为主动的创业者，从毕业后寻找工作转为自己创造就业机会。大学生创办企业，不仅解决了自己的工作问题，而且还能够为社会提供大量的工作岗位，促进经济的发展。实施创业教育，可以在一定程度上缓解国家的就业压力，为解决大学生就业难的社会问题找到一条出路。国际劳工组织也倡议加强创业教育，培养创业意识，培养创造性和革新能力，培养把握和创造机会的能力。因此，如何发挥大学生的积极性和创造性，引导和支持他们进行自主创业，就成为解决大学生就业问题的一条出路。

当前我国的创业教育还处于起步阶段，仅有少数几所学校将创业教育纳入教学体系，无论从教学内容还是教学方式与形式上都有很多需要提升的地方。党的十七大提出了"实施扩大就业的发展战略，促进以创业带动就业"的号召，国务院〔2009〕3号文件及地方相关文件发布了关于鼓励和支持高校毕业生自主创业的相关优惠政策。政府和学校对大学生创业给予了一定程度的政策扶持和帮助，除了外界的支持因素，高校内部对创业教育的改革也是势在必行的。要做好大学生的创业教育工作应从以下几方面入手：

首先，强化大学生创业意识。高校应当把大学生创业教育作为就业工作的重点，加强创业政策宣传，深化教学改革，指导学生树立自主创业的职业意识，鼓励学生创业。创业

意识的培养，要贯穿高校教育的全过程，融入大学生生活的方方面面，形成全过程、多方面的创业指导和教育局面。加强对学生自主创业的引导教育，让学生充分认识到创业的意义，培养他们自强自立意识、风险意识、拼搏精神和艰苦奋斗的作风，以此强化他们的自主创业意识和能力。

其次，营造大学生创业氛围。一方面，学校应把创业型人才的培养作为目标来抓，大力提倡创业教育，从领导到老师，都要重视创业教育；另一方面，学校要积极引导和扶持在校生的创业活动，营造积极创业的校园文化。如举办创新创业竞赛，邀请企业家做报告，设立创业标杆，形成浓厚的校园创业氛围，以此激发学生的创业热情和愿望。

最后，设置大学生创业教育课程。高校应根据需要，设置大学生创业指导课程，加强大学生创业技能的训练与创业能力的培养，使大学生在观念意识、思想素质、知识结构、心理素质等诸方面进行必要的准备，具备良好的创业素质。在课程设计和教学模式方面，高校除了通过开设创业课程向学生传授一般性的创业知识之外，还要将专业课程、实验与实践活动交叉融会，大力开展创业讲座、创业论坛、创业竞赛、课题研究、创业体验等形式多样且内容丰富的创业教育课堂。

2. 完善大学生就业指导体系

（1）重视就业指导工作。高校在大学生就业指导工作方面，既要做好教育教学工作，更要把大学生顺利输送到社会中，成为有用之才。高校在学生入学之初就应树立为学生服务的思想，一方面进行文化传播和道德教育，另一方面进行全程的就业指导和服务。重视就业指导工作，首先要建立一支高素质、专业化的就业指导老师。就业指导工作的性质和任务，决定了从事这项工作的队伍在结构上应体现出跨专业、跨部门、专兼结合的特点。因此应该改变以往由后勤人员管理的状况，以就业工作人员的职业化、专业化、专家化为目标，加强队伍建设，吸引富有创新意识和敬业精神的优秀人才从事就业服务工作。同时，不仅要把大学生就业指导工作作为日常工作来抓，而且要作为一门科学去研究，使大学生就业指导工作逐渐走向科学化、规范化和系统化的轨道。其次，就业指导工作不仅要针对即将毕业的大学生，而且要面向所有大学生，刚入校的新生也应接受就业指导。这样可以尽早了解专业特点，制定适合自己的职业生涯规划，根据职业发展规划有针对性地积累知识和技能。最后，就业指导工作要联系实际，根据实际情况选择就业指导工作的形式，可以采用面对面沟通、电话沟通，也可以利用网络进行在线交流。联系实际成立专门的就业服务大厅，使学生在就业过程中，遇到问题时能得到"一站式"的就业服务。

（2）强化就业指导职能。在毕业生就业工作中，如何引导大学生树立正确的职业理想和择业观，是就业指导工作的一项重要内容。在当前的就业形势下，高校应当建立各部门相互协作、全员参与的就业工作机制，完善就业指导和服务工作体系。通过构筑和完善全程化生涯辅导体系，实施就业导师制，多角度、多形式、多渠道地为毕业生开展各项教育指导，提高毕业生就业能力，有效地参与就业市场的竞争。

在新生入学后，要进行职业和专业的教育，让学生了解自己所学的专业，了解将来可能从事的职业范围和将要承担的社会角色，并根据个人的性格特征、兴趣爱好和专业特长来建立自己的职业理想。在学生对各专业方向有一定的了解的同时，学校应帮助他们建立发展性生涯辅导模式，帮助其进行职业生涯规划，开设就业指导课程，使他们形成健全的职业形象，培养良好的职业决策能力。充分发挥网络作用，开通个案咨询热线，快速全面地指导学生。同时，利用社会资源，采取多种形式提高就业指导工作的针对性和有效性。

高校就业指导能使学生获得必要的就业能力和面向社会的生存能力，在指导过程中不仅要为毕业生的有效就业提供必要的帮助，更要为大学生提供可持续发展的终身就业能力。高校就业指导工作要向更高级阶段方向发展，培养学生可持续发展的就业能力，就必须强化就业指导职能，使职业指导转向生涯辅导，就业指导工作成为指导学生获得一种就业能力和面向社会的生存能力。使学生了解社会职业特点，发现自己的不足，明确努力的方向，增强求职自信心，提高就业素质。

（3）完善就业指导内容。目前许多高校的毕业生就业指导都处在应急式的"临阵磨枪"阶段，没有能够把就业指导与大学生的职业生涯规划和发展有效地结合起来，为毕业生职业生涯发展中实现人职匹配而开展的个性化指导、测评等提供的服务和帮助不够，创业教育在就业指导中的重要性没有得到切实的重视。结合学生个人职业规划体系的构建，相应的高校就业指导工作的内容也需要重新界定和构建。

坚持"全员指导、全程渗透"的原则。高校的就业指导课程可以从新生入学时开始设置，根据年级特点安排就业指导的时间和内容，把就业指导贯穿大学生生活的全过程；把就业指导工作渗透到学校教育管理、教学服务的全过程，形成全员参与、齐抓共管的良好氛围和工作机制。帮助大学一年级新生认识专业特点以及相应的职业，知道本专业未来的发展前景，让学生能够确定合理的人生定位，为将来的职业生涯规划做好准备。大学二、三年级要激励学生刻苦学习夯实基础，分析自我优势和局限性，通过专业技术基础的调适，培养和发展与其职业目标相适应的素质或对其职业目标做出调适。大学四年级学生进入毕业阶段，主要在职业价值观的引导、就业形势、信息服务、政策咨询、技巧商谈、心理调适等方面，针对择业期的问题进行择业指导。通过全程化的就业指导，让学生能够很客观地评价自己，从社会需求的实际出发择业，不会盲目地选择高薪职业。提供更加全面的就业信息。高校一方面要为学生提供用人单位的需求信息，包括需要人数、毕业生的层次、专业类型和其他要求，以及用人单位自身的情况，包括经营规模、经济效益、发展前景、薪金待遇等。另一方面也要为用人单位提供毕业生的求职信息，包括学生的专业信息、个人素质、能力特长、就业要求等。

就业指导工作是一项长期性的系统工程，需要社会各界及学校、学生的共同参与配合。辅助这项工作的人员除校内的专业教师、学校行政人员、学生自我组织和各种社团之外，校外的专业学会、政府有关部门、各行各业的代表组织以及各种校友、企业、用人单位等都要共同参与，通过培训、讲座、研究、咨询等方式，将社会各界的专业知识、经验、信息和资源综合加以运用，构成全方位、立体式的就业培训体系。

　　大学生就业是一项社会管理与公共服务工程，需要社会各个方面的积极协作和配合，只有借助政府的支持，同时有效协同与社会、高校之间的责任关系，共同发挥功效，才能真正完善大学生就业制度，解决大学生就业问题。推进大学生充分就业已经成为政府、社会、高校、学生等利益相关者共同的目标与行为追求。政府具有宏观管理、规划、调控、监督等职能，对大学生就业制度有着决定性影响。高校和社会中介机构、用人单位等也都是能动因素，它们之间紧密关联、互为因果，共同构成大学生就业保障影响因素体系。政府作为各项就业政策的制定者和先行实施者，要牵头示范，并积极引导各责任主体明确自身职责，逐步构建以政府为主导的就业促进、以社会为依托的就业支持和以高校为核心的就业服务全社会力量共同支撑的大学生就业制度体系。当前，政府在保障就业方面发挥了主导和积极的作用，学校也越来越充当主导和积极的促进就业的角色，社会各方面的态度也越来越积极，对高校毕业生就业发挥了不可低估的作用。

# 第五章 职业规划与就业指导研究

## 第一节 职业规划对就业的影响及意义

随着高校的扩招和大学生就业方式的转变，大学毕业生就业越来越困难。除了社会因素外，大学生就业观念存在的诸多问题也成为就业难的主要原因之一。当前大学生对个人和社会工作环境的认识不足，是导致就业观念问题的主要原因。职业生涯规划教育通过引导大学生进行自我和工作世界的探索，帮助大学生建立良好的自我认知，正确定位自身价值；帮助大学生建立良好的职业认知，形成务实、合理的就业期望；增强大学生就业的自我效能感，从容面对挑战。

### 一、就业观念存在的问题

就业观念是大学生在选择职业时所持有的观点、态度和看法，它是由认知、情感和行为倾向三个因素组成的。由于每个人的家庭环境、成长经历、兴趣爱好、性格特点不同，就业观念也不尽相同。笔者参考了国内众多学者对当前大学生就业观念的研究情况，认为大学生就业观念主要存在以下几个问题：

#### （一）自我认识不足，盲目择业现象严重

当前，面对严峻的就业形势，一些大学生盲目乐观，过于自信，自我评估过高，就业时挑三拣四，错失了很多不错的发展机会；一些大学生过分攀比，认为自己找的工作一定要比身边的同学朋友好；还有些大学生看到别人做什么，自己就跟着做什么，跟多数人保持一致，认为这样才不会出错，不从自身实际出发，缺乏主见和独立思考的能力，盲目从众。这些不良的就业心理主要源于大学生自我认识不足，考虑问题不从自身实际出发。

#### （二）就业期望不合理，就业观念落后

一些毕业生还以为现在的大学生跟以前一样，是社会上的精英，毕业后有理由获得收入稳定、社会地位高的职位，不愿意降低就业期望，就业观念严重滞后。这大多源于他们消息闭塞，把自己关在校园内，故步自封，不了解当前的社会就业发展状况。

### （三）职业自我效能感低，就业心理压力大

近年来，我国高校毕业生逐年增加，竞争越来越激烈，给大学毕业生带来了不小的心理压力，加上每年毕业季各大媒体大肆鼓吹"最难就业季""更难就业季"等，使毕业生陷入更大的恐慌。有些毕业生面对当前严峻的就业形势，严重缺乏自信心，一方面担心书本上学的知识陈旧，自己又没有工作经验和优势，没有人愿意提供给自己岗位，不敢竞争，害怕失败；另一方面，毕业生又过分看重第一份职业的影响力，不敢轻易选择。

## 二、职业生涯规划概况

大学生职业生涯规划是在对影响个人职业选择的特质，包括兴趣、性格、能力和价值观进行综合分析、判断的基础上，结合当前的社会职业环境，逐渐发展个人的生涯认同，建立暂定的生涯发展目标，并为实现这一目标做出有效合理的安排。系统的职业生涯规划过程主要包括以下几个方面：

### （一）自我评估

生涯规划是一个由内而外的过程。在生涯规划时，首先要认识自己，只有认识自己，选择及决定才有据可依。认识自己需要对个人的人格特质、兴趣爱好、需求、技能、价值观等进行探索分析，从而确定适合自己的职业或职业倾向。

### （二）社会工作环境分析

要充分了解所处社会工作环境的发展变化以及这些变化对自己职业生涯发展的影响。从各种可能的职业需求条件入手，了解其要求、条件和待遇，并为之提前做好计划和准备[1]。

### （三）生涯决策

综合整理个人特质和社会工作环境信息，形成切合实际的、有实现可能的职业发展目标和计划。同时还要正确处理生涯决策过程中影响生涯信念的各种障碍。

### （四）行动

行动是将探索和目标落实的阶段，合理安排大学阶段专业学习、实践、课外活动、实习、休闲活动等，为实现目标做好个人准备。

### （五）反馈、调整、再评估

自我和外部社会工作环境都在发展变化，随着这些变化，或许发现过去的规划已不适合自己，这就需要再次进行探索、评估、修正职业生涯规划，建立职业生涯规划档案，进行科学的管理。

目前，尽管高校职业生涯规划教育还存在理念普及不够、师资力量不足，专业化程度

---

1　姚先桥 . 职业生涯六堂课 [M]. 北京：机械工业出版社 .2012.

低、教育形式单一等众多问题，但不可否认，职业生涯规划的理念和方法对高校的教育教学还是产生了不小的影响。职业生涯规划教育，能引导学生系统地认识自己，了解社会职业发展环境，使其具备良好的自我和职业认知，能够根据自身特点进行合理定位，建立职业生涯规划目标，并以此树立大学期间的学习目标，有针对性地培养自身素质和技能，为将来的职业发展打好基础。

## 三、对就业观念的影响

大学生对个人和社会工作环境的认识不足，是导致就业观念问题的主要原因之一。自我和工作世界探索是职业生涯规划的重要内容，职业生涯规划教育势必会影响大学生的就业观念，主要表现在以下几个方面：

### （一）帮助大学生建立良好的自我认知，正确定位自身价值

职业生涯规划最重要的部分就是自我探索，通过各种专业测评、活动体验对个人的人格特质、兴趣爱好、需求、技能、价值观等进行探索分析，引导学生认清自身的特点和潜在优势，正确定位自身价值，建立适合自己的生涯期待和暂定生涯发展目标，使大学生意识到自己是就业的主体，就业应从自身实际出发，不能好高骛远、盲目攀比。每个人的成长环境、教育背景、性格特点、兴趣爱好、技能特长、价值追求不同，适合的职业也不同。每个人都在自己的岗位上耕耘、收获、成长，没有高低贵贱之分，适合自己的就是最好的。

### （二）帮助大学生建立良好的职业认知，形成务实、合理的就业期望

职业发展规划的重要内容之一是社会工作环境分析。引导学生在生涯期待和暂定生涯目标的基础上，通过网络媒体、书面资料等收集关于目标职业资料的概述、现状及发展趋势、工作内容、工作环境及待遇、从业所需资格条件（包括学历、性格、所需技能）、晋升经验条件等基本信息；对本行业的师兄及前辈进行访谈，进一步了解实际从业人员的工作状态及对工作的感受和看法，得到他人的主观经验；还可以对目标职场进行实地参观，形成个人的第一手体验。通过以上途径对目标职业进行静态的、动态的、主观的、客观的资料探索，有助于帮助学生积极融入社会，了解社会发展现状及形势，建立良好的职业认知，认识到大学生就业面临的困难和挑战，不断更新观念，形成务实、合理的就业期望。

### （三）增强大学生的职业自我效能感，从容面对挑战

职业生涯规划教育能够引导大学生客观地认识自我和社会工作环境，探索个人特点和潜在优势，通过搜集和分析社会工作环境资料，认清个人与职业发展的关系。在自我和工作世界探索的基础上，结合自身其他情况，形成个人的职业决策风格。这种决策不是随机的、盲目的，而是在自我和工作世界探索的基础上，清楚地知道"我是谁""我想要什么""怎样才能得到我想要的"，当学生面对激烈的就业竞争压力时，就能够及时调整自己，坚定自我，从容面对选择和挑战。

# 第二节 职业规划教育与就业竞争力的关系

众所周知，一方面迫于就业形势的压力，造成了很多大学毕业生在社会中无法找到与自身专业相匹配的岗位进行就业；另一方面是因为大学生自身的因素导致了大学生的就业成为一个老大难问题。而大学生自身因素方面表现得尤为突出的则是大学生基于自身职业规划思考较少，他们对于自身的未来就没有一个明确的目标和方向，从而影响了他们毕业之后的就业竞争力。在这种情况下大学生在面临就业时就会显得比较盲目，或者基于"高不成低不就"的心理出现频繁跳槽现象，耽误了自己的职业生涯；再或者就是以学习深造为借口，一味地逃避就业，从而使自身的就业问题变得更为严重。为了有效地解决大学生就业中出现的问题，我们需要深入分析大学生职业生涯规划教育与就业竞争力的关系，从而通过对大学生职业生涯规划方面的教育和引导，来增强大学生的规划意识和就业意识，促使他们不断通过自身努力去提升就业竞争力。

## 一、对大学生进行职业生涯规划教育的现实需要

大学生在毕业之后是否能够顺利就业，最主要的还是要归因于大学生是否有一个符合自身实际的科学的职业生涯规划，而由于大学生形成科学职业生涯规划的过程并不是一个静止的状态，是需要经过实践证明，经过合理调整后才能形成的，那么，对于大学生职业生涯规划教育就显得十分必要。

### （一）大学生职业生涯规划教育能够帮助大学生正确的评估自身

在大学阶段，学生的性格特征会经历波动明显到逐步稳定的过程，在这样的情况下，大学生对于自身的判断就会存在偏差，只有通过大学生职业生涯规划教育这一方式，才能有效地引导大学生掌握评判自身的方法，使评估偏差逐渐缩小，从而使大学生本身的评估与将来毕业之后的职业选择和方向相匹配。与此同时，大学生对于自身的评估要经历动态调整的过程，这使他们在就业时更有针对性。

### （二）大学生职业生涯规划教育能够帮助大学生确立明确的职业选择

大学生职业生涯规划教育，不单单只是为大学生讲解一些职业生涯规划的理论知识，还会通过邀请就业指导师、优秀就业者举办讲座的方式，对大学生职业选择的方向进行一定的引导，从而使大学生可以根据自身的实际情况，结合就业趋势，有针对性地为自己确立一个明确的职业选择，而后以这个职业选择为导向，不断地加强自身的能力，使他们在就业时能够更加从容并很快适应选定的职业。

### （三）大学生职业生涯规划教育能够帮助大学生提升自身的能力素养

从当前严峻的就业形势来看，很多企业在招聘工作人员时，不仅看重大学生是否具备一定的专业知识，而且对学生的交际能力、应急应变能力、心理承受能力等方面有着更多的条件要求，所以大学生能力素养的提升对于其就业竞争力的增强是十分重要的。而大学生要想提升自身的能力素养，就需要适时地接受职业生涯规划教育，只有基于职业生涯目标的明确，才能在提升能力素养上更有针对性。

## 二、大学生职业生涯规划教育中的瓶颈问题

当前各大高校对于学生职业生涯规划教育的形势不容乐观，虽然有些高校在这方面进行了很多的努力和探索，但是依旧面临着诸多的阻碍因素，而对于这些阻碍因素的分析和思考，将影响着大学生就业竞争力提升的质量。

### （一）大学生职业生涯规划教育稳定性不足

在高校的教育体系下，很多高校只是一味地偏重学生专业知识的教学，而对于学生实践能力的培养有所欠缺，同样地也对大学生职业生涯规划教育缺乏一定的认识，从而忽视了大学生职业生涯规划教育。近年来，尽管有些高校逐步认识到了大学生职业生涯规划教育对于解决大学生就业问题的重要作用，但是也只是在学生将要走出校园时，简单地采取举办招聘会、组织大学生职业规划方面的讲座等形式，为学生提供一些就业渠道和就业指导，却没有将大学生职业生涯规划教育纳入高校教育体系之中，这样就不能从根本上解决大学生就业方面的困惑，不能真正地提升大学生就业的竞争力[2]。

### （二）大学生对于自身职业生涯缺乏必要的思考

受到传统教育理念的影响，大学生早已习惯了应试教育的思维，在大学教育上仅仅停留在知识的学习上，也只会以专业成绩的好坏来评判自身的能力，他们很少去思考自己将来想要从事什么样的职业，更很少审视自己究竟能够胜任什么样的职业，可见，大学生的职业生涯规划意识相对欠缺。因此，要想有效提升大学生职业生涯规划教育的质量，我们需要在大学生职业生涯规划意识的培养上付出更多的努力。

### （三）对职业生涯规划教育的岗位设置缺失

由于高校教育经费的不足，师资力量一直以来都是高校教育体系中最为薄弱的一环，但是教育教学的质量好坏又在很大程度上依赖教师这一重要角色。而根据调查，笔者发现从事大学生职业生涯规划教育的教师，普遍存在着职业规划经验不足、在身份上多为兼职而非专职等问题，鉴于大学生职业生涯规划教育是高校教育逐步拓展的新的教育领域，那么在针对这方面的师资队伍建设上要更为重视。

---

2　郭文臣 . 新型职业生涯的挑战与应对 [M]. 北京：科学出版社，2015.

## 三、大学生就业竞争力的表现

如果要谈论大学生就业问题这一话题，那么就始终绕不开大学生应具备何种就业竞争力这一关键因素，下面就来介绍大学生就业竞争力的一些具体表现：

### （一）大学生的就业竞争力表现在大学生的品质特征上

一个人的品质特征包含着很多方面，比如是否具有上进心，是否具备独立思考能力，是否能在困难面前勇敢面对、态度是否认真细致，等等。而大学生要想形成很强的就业竞争力，就需要具备一些优秀的精神品质，比如工作方面要踏实能干，学习上要主动进取，与同事之间要懂得互相帮助，这样才能迅速地适应工作岗位并很好地完成工作任务，从而提升自身的就业竞争力。

### （二）大学生的就业竞争力表现在接受新知识的能力上

俗话说，"活到老、学到老"，这句话就是要告诉我们不管我们目前的知识水平如何，都需要进行不断地学习，因为时代在发展，如果我们只是躺在固定的知识储备上"睡大觉"，那么总有一天会被社会所淘汰。因此大学生就业竞争力也表现在他们接受新知识的能力上，接受新知识的能力越强，代表他们的发展潜力越足，那么对于任何工作他们都可能胜任。

### （三）大学生的就业竞争力表现在大学生与社会的融合度上

当学生从大学校园毕业，自然而然的就意味着他们要走向社会，如果他们无法完成从学生角色到社会成员角色的转变，就会直接影响到他们在社会中的就业问题，从而使他们无法在社会中真正立足，因此，大学生的就业竞争力最终要表现在大学生与社会的融合度上。

## 四、大学生职业生涯规划教育与就业竞争力之间的关系分析

从开展大学生的职业生涯规划教育初衷来看，最主要的就是为了提升大学生的就业竞争力，使大学生在面临就业问题时不至于产生迷茫感，而是能够根据自己的实际情况，正确地选定职业方向。因此，我们就要深入分析大学生职业生涯规划教育与就业竞争力之间的关系。

### （一）大学生职业生涯规划教育影响着大学生优秀品质的形成

高校通过教育的形式可以起到培养大学生正确价值观的作用，那么同样的，通过大学生职业生涯规划教育也能在一定程度上影响大学生优秀品质的形成。比如一些高校通常会为学生讲解一些职业生涯规划的理论知识，这些理论知识大多包括职业认知、职业选择的确定和职业目标的实现等。在职业认知阶段就要为大学生传输爱岗敬业、踏实进取、勇于承担等优秀的职业精神；而在大学生职业选择的确定上又要告知学生如何正确地判断形势、

并根据具体情况做出合理选择的方法，学生通过这些方法的学习就不会再盲目地做出选择，从而形成遇事保持冷静的习惯；最后在大学生职业目标的实现上，就会不断地考验学生的心理承受能力，使学生养成敢于坚持的优秀品质。

### （二）大学生职业生涯规划教育影响着大学生接受新知识的能力

在大学生职业生涯规划教育下，大学生会意识到社会上任何工作岗位都不是掌握固定的知识就能够完全胜任的，而是要根据工作的需要，不断去学习新的知识、掌握新的技能，这样才能使自己和工作岗位之间形成很好的匹配。同时，大学生职业生涯规划教育也能够帮助大学生树立正确的职业方向，让大学生能够沿着这一方向，不断提升自己，从而在接受新知识时也不易出现偏差，进而提升大学生接受新知识的能力。

### （三）大学生职业生涯规划教育影响着大学生与社会的融合度

上文就提到了，如果大学生无法完成从学生角色到社会成员角色的转变，就会直接影响到他们在社会中的就业问题，从而使他们无法在社会中真正立足，那么他们的就业竞争力就几乎为零。而大学生职业生涯规划教育会提供给学生更多校外实践和提前实习的锻炼机会，通过这些必要的锻炼来提升大学生与社会的融合度，让他们在转变身份时有一个准备和调整的过程，这样他们在充分认识社会、充分熟悉工作岗位后就能更快地适应。

## 五、如何通过大学生职业生涯规划教育来提升大学生就业竞争力

要想有效地通过大学生职业生涯规划教育来提升大学生就业竞争力，我们不能只简单地停留在分析大学生职业生涯规划教育与就业竞争力之间的关系阶段，还要对提升的具体策略有一定的思考：

### （一）要以独具特色的人才培养理念来指引大学生职业生涯规划教育

大学生职业生涯规划教育最主要的目的就是使学生能够很好地就业，那么在大学生职业生涯规划教育中我们必须树立独具特色的人才培养理念，只有在正确理念的指引下，才能最终发挥职业生涯规划教育的作用，继而使大学生的就业竞争力得到有效的提升。各大高校一定要充分考虑到学生个体的差异，有针对性地帮助他们形成符合自身的职业生涯规划。

### （二）要以响应国家号召为方向来抓好大学生职业生涯规划教育

为了解决大学生的就业问题，国家适时地发出了"大众创业、万众创新"的号召，从而引发了越来越多的大学毕业生投入到创业的大军之中，以创业带动就业，不仅实现了自身的就业还创造了更多的就业岗位。但是，在大学生创业过程中也出现了盲目创业的问题，因此，高校要以响应国家号召为方向来抓好大学生职业生涯规划教育，对学生创业提供更多的指导。

### （三）要以分年级培养的方式来开展大学生职业生涯规划教育

高校在开展大学生职业生涯规划教育时，需要在大学生涯的不同学习阶段都适当地开设一些有关大学生职业生涯规划的课程，而且在课程设置上也要有所区分，比如在大一阶段要偏重为大学生讲解一些职业生涯规划的理论知识，在大二、大三阶段就要偏重大学生基于岗位要求的实际能力培养，而在大四阶段就要对大学生就业提供具体的指导。

总之，高校开展大学生职业生涯规划教育不仅能够帮助大学生正确的评估自身，帮助大学生确立明确的职业选择，还能够帮助大学生提升自身的能力素养。因此，我们要在分析大学生职业生涯规划教育与就业竞争力之间关系的基础上，思考如何通过大学生职业生涯规划教育来有效提升大学生的就业竞争力，在具体策略方面也提出了笔者的一些思考，希望能起到一定的借鉴意义。

# 第三节　"职业规划与就业创业"教学"新"路

"职业生涯规划与就业创业"是高等职业院校学生必修的一门德育课。本节分析了教材教与学面临的困境，阐述了高职院校开设"职业生涯规划与就业创业"课程的重要性，并针对上述问题运用信息化手段对教学实践进行"新"探索，其对改善单一的教学模式，促进教学良性提高具有一定的借鉴意义。

职业是人的生存和发展之本，职业生涯贯穿人的一生，也是实现自我的重要人生阶段。近年来对高职学生进行全面的职业生涯教育越来越受到社会、学校的关注，其原因在于职业生涯教育不仅仅能帮助学生开发潜能、提高综合素养，更有利于学生确立职业目标、顺利实现自我价值。

## 一、职业生涯规划课程教与学的现状

面对严峻的职业环境和高涨的自我发展需求，学生能否树立职业规划意识、掌握规划的方法对于完善自我发展、提升综合素质具有现实意义。学校对高职一年级新生开设"职业生涯规划与就业创业"课程，旨在帮助学生在入校之初就能充分认识自我、了解职场，有效地规划高职生活，并对自己的职业生涯做出合理的设计。然而，目前因老师教学理念固化、不够贴近实际，学生对其认识不到位，出现了"讲得乏味、听着瞌睡、学了不会"尴尬的教学现状。

### （一）任课老师教学理念固化，"讲得乏味"

多年的教学经验已经让学校任课老师形成了现成的备课资料及教学理论体系，他们习惯应试教育，一般不会再花时间结合时代变化和热点问题去改变和创新，在进行理论讲授时仍然使用老旧的备课资料进行"填鸭式"教育模式，这种灌输式的教学严重与社会生活脱节，也与学校艺术专业学生独特的个性相背离，这样一来势必会引起学生的反感，导致课程没有吸引力，老师讲课也就很乏味。

### （二）学生重视度不高，"听着瞌睡、学了不会"

学生主动学习的能力、逻辑辩证思维相对较弱，他们在思想认识中淡化文化课的学习。对于他们来说，职业生涯规划只是个虚无缥缈的概念，职业规划课长期被当成一门副科。学生上课不认真听讲，只是做做样子，抱着"分不在高、及格就行"的无所谓态度，缺乏上课的热情，更是被动地应付老师布置的作业。此外，艺术专业的学生热爱自由、追求独特的个性，高度重视专业，对职业生涯规划这类课程有着一定的抵触情绪，他们不接受机械死板的照本宣科，也不喜欢喋喋不休的理论说教。学生主观认识的偏差、学习态度的欠缺使得课堂呈现"听着瞌睡、学了不会"的状态，影响了课程的实用性。基于上述状况，非常有必要开展教学"新"路的探索实践。

## 二、新形势下教学"新"路的探索实践

现如今伴随着信息技术的普及和发展，让信息化教学手段走进课堂已经必不可少。在具体的教学课程中，教师应紧跟时代的潮流，通过网络窗口展示教学内容，可以让学生掌握更广阔、更具吸引力的新思想、新观念，丰富了教学模式，提高了课堂教学实效，也挖掘了学生的真正潜力，让"素质教育"的提升真正贯彻到现实课堂中，这与枯燥的传统教学手段相比具有不可替代的优越性。基于此，在互联网背景下，笔者利用信息化手段的优势，并结合职业规划课程的教学实际，做了以下几点探索实践：

### （一）我骄傲——感受创新时代魅力，骄傲国家发展"新"路

（1）依托"云"桌面，搭建移动教学平台。国家教育部在《教育信息化十年发展规划（2011—2020）》中明确指出，要"以教育信息化带动教育现代化""促进优质教育资源普及与共享，推进信息技术与教育教学深度融合，实现教育思想、理念、方法和手段全方位创新"。这充分说明了将信息技术与教育相融合的重要性，为响应教育部的号召，学校投入大量资金搭建了移动学习环境的云平台，为教学信息化的开展提供了硬件设施基础。

"云"在人们看来就像是一个巨大的资源池，它将教学、交流、测评、管理等教学服务进行集中式的平台管理，其最大的特点就是能够实现巨大教育资源的存储与共享。学校授课教师只需在云桌面上登录自己的账号即可轻松获取优秀的教学课件、教学案例等资源，同时也可以将自己的教学材料上传到云端与他人共享。云桌面的交互功能更便于随时随地访问移动平台进行学习，打破了时空的限制。云时代的到来赋予了云平台与教学融合的机遇，也是教学方式变革的硬件基础，探索"云课堂"模式，本就是对传统口耳相传课堂教学的一种挑战[3]。

---

3　张婧.情商左右你的职业生涯[M].北京：朝华出版社，2010.

（2）结合时政热点，播放视频资源辅助教学。课本无非就是由纸张粘贴成的那么薄薄的一本，有意义的课堂不该是死板的照本宣科，而应该是生活与教育的无缝融入。为了提高学生的思想认识水平，在职业规划课的教学过程中利用信息化手段引入当前热门话题，播放英雄、楷模人物的先进视频，让学生感受他们的道德力量。例如，在讲述"理想从这里启程"这一话题时播放我国在航天、公路建设、深海装备方面取得巨大成就的视频，让学生在看到港珠澳大桥通车、水陆两栖飞机"鲲龙"首飞等大国工程时弹幕发表观点，直观地感受祖国的繁荣昌盛，让学生体会到每个人都能成为社会的有用之才，要带着理想启程；在学习"职业与专业"时，通过播放乱针绣非遗大师孙燕云、留青竹刻大师徐秉言的名家对话视频，让学生感受工匠精神和专业魅力，筑牢文化自信的根基；在认识产业这一节时，结合首届中国农民丰收节观看"习近平的情怀重农固本"讲话，有助于学生了解农业的基础地位……

雁过留声，人过留名，上课亦如此。视频的辅助势必给教学注入了新的活力，学生不仅仅在课堂里获得了新的知识，更多的是收获了情感的触动、兴趣的萌发、能力的提升，诸如此类的正面影响远胜于传统教学单纯大道理的灌输。

### （二）我能行——从理论到实践，挖掘自身创新能量

教学理论与实践是相辅相成的，脱离了理论的实践教学是无用的，脱离了实践的理论灌输是僵化的。为避免只懂得理论知识却不会实际运用的纸上谈兵，在职业规划的教学过程中教师应主要以实践为主，理论讲授为辅，这样既巩固了知识的学习，也提高了实践能力，一举两得。具体教学实践如下：

（1）对于内容简单的话题，采用小组合作的自学模式。例如学习领域二中兴趣、性格、能力、价值观的框架相似，则提前将学生分好小组，让其根据各自领取的预习任务包查阅资料展开讨论，等到上课时以小组代表扮演"小老师"讲授书本知识点，并采用问卷星测试方法进行自我剖析，这样不仅使学生学到了书本知识，也使他们通过量表测评能够充分地认识自我。

（2）让游戏互动成为激发学习兴趣的敲门砖。如在学习"目标确立"时，为了让学生感受确立明确目标的重要性，可以结合设计系专业特长，在课前将学生分成两组进行互动游戏：首先，在大屏上展出"愤怒的小鸟"这一卡通形象的图片，一组同学对照原图画出，另一组同学在规定时间内观察图片细节后依照印象画出，2分钟完成任务。其次，小组挑选学生代表上墙展示作品，由其余学生投票选出最佳作品，以学生投票理由及获胜代表分析原因。最后，总结得出对照原图绘画很简单，而离开原图就会模糊不清，得出目标的指导意义。互动游戏的融入，增加了课堂的趣味性，激发了学生高涨的热情。

（3）采用情景模拟的方式解决实际问题。求职和就业看似离得很远，其实学生从初入学校就开始了求职的第一步，即学会规划职业，这也是这本教材设置在第一学期的初衷。面对茫然的求职，教师可以在课堂中模拟一次招聘现场，由2个同学扮演面试官，5名同

学带好求职材料扮演应聘者，剩余同学为观察员对现场表现打分。面试官对应聘者提问让学生身临其境地接触到招聘现场的环节，了解面试时都考察什么，需要灵活地应对哪些问题。

理论和实践相结合是提高教学效率的必要方法，专业的知识与趣味的活动相结合能充分调动学生学习的主动性。

### （三）我担当——如果创新有颜色，一定是青春色

"我们可以平凡，但是必须认识到自己身上的责任。"

十九大报告呼吁新时代的青少年要树立使命感和责任感，然而受整体大环境的影响青少年缺乏社会责任感和社会公德意识。作为德育课之一的职业生涯规划成为对高职一年级新生进行社会责任感教育的主阵地，需要师生的双向努力。一方面，学生要主动遵纪守法、热爱祖国、关注社会，把使命感和责任感从简单的认知内化为自己内心的情感，将自己的命运与祖国的发展联系在一起，实现世界观、人生观、价值观的情感升华。另一方面，教师要主动挖掘教学内容的情感因素，采用灵活多变的教学方式将责任感教育渗透到教学中去，为人师表、勤于思考，从而帮助学生养成良好的行为。

职业生涯的目标与社会责任感教育的目标是一致的，通过师生的创新努力形成教育合力，有利于强化社会责任感进而实现伟大的中国梦。

总之，职业生涯规划课程是高职德育教学中不可分割的一部分，为了打造高效课堂，提升职业生涯规划课的时效性，笔者在不断探索和实践中采用了一系列信息化教学手段，积累了一定的经验，但是在很多教学环节中仍然需要进一步的完善和改进。教育没有固定的模式，只要时刻把时代的脉搏，坚持发挥学生的主体地位，必将取得良好的教学效果。

# 第四节　"慢就业"形势下的职业规划与就业指导

为进一步加强了解我国高校毕业生的最新形势，进一步掌握我国高校毕业生的就业问题，需社会各界端正态度，了解现状，认清现实，认真分析现存的就业问题，为高校毕业生就业服务出谋划策，真正实现更高质量和更充分的就业。

## 一、"慢就业"的形势

根据目前百度百科的解释，慢就业是指一些大学生毕业后既不打算马上就业也不打算继续深造，而是暂时选择游学、支教、在家陪父母或者创业考察，慢慢考虑人生道路的现象。

## 二、"慢就业"形势下的职业规划

### （一）职业规划的开设应提早

根据中国青年报社社会调查中心联合问卷网的调查结果显示，没提前规划好未来被受访者认为是大学生选择"慢就业"的最常见原因。其实，学生的职业规划种子早在中学文理分科时已然埋下，而高考后的志愿填报、专业选择就是萌芽的破土时期。在填报志愿时，需要着重考虑行业的选择，在具体专业的选择上应该在着重考虑学生个人兴趣、个人特长、个人意愿的情况下结合行业发展、社会需求、家庭资源等方面综合考虑。职业规划理应是高考结束后学生及其家长的第一堂必修课，大学入校后的相关教育紧随其后。

### （二）职业规划的重视应提升

职业规划不等同于生涯规划，目的性十分明确，侧重点在于职业，职业规划的好坏必将影响个人整个生命历程。职业规划咨询服务三大运作理念为：职业定位、职业目标设定、职业通道设计。这是一个循序渐进且可能发生变化的过程，因为在个人成长中，新事物的产生，新兴趣的建立等因素都将可能重新改变一个人的职业定位。因此，从学生高考结束到踏入职场这个时间段是职业规划最为重要的阶段，学生、家长及教师都应牢牢把握好这一个黄金阶段，避免毕业生进入职场前出现迷茫、逃避、胆怯等心理。

### （三）职业规划的质量应提高

首先高校的职业规划发展相对社会人才需求发展比较滞后，当社会人才发展发生变化时，高校依然存在按部就班的现象。主要原因是高校虽然侧重学术型或者应用型人才培养，但是在实施教学过程中什么都想教，什么都想抓，什么都想要，导致大学生普遍实际动手操作能力和抗压能力都较差，难以适应用人单位的要求。那么，如何将社会需要的人才技术融入课程中，运用新颖的教学方法帮助学生自主选择方向，就成为高校职业规划教师思考的问题。其次就是部分高校不注重职业规划的内涵建设，只教学不跟踪，师资、课程设置、社会实践以及设施设备等办学条件不够成熟，大学生就业能力得不到有效提升，在就业市场中缺乏核心竞争力，导致大学生就业期延长。

## 三、"慢就业"形势下的就业指导

### （一）就业指导的服务应全面

高校要完善就业指导队伍建设，需整合职业生涯规划教师、创业课程教师、就业指导教师、心理咨询师、辅导员等角色的资源，因时施教（大部分高校在毕业前一学期开展），因需施教（学生有就业指导需求，就不分年级、专业等条件）。同时，就业指导队伍时时刻刻都应掌握三个最新的形势：一是国家的就业政策；二是全国的就业趋势；三是各地、各单位的就业信息[4]。再者，开展就业指导的教师不论职称职级都应是一个"多面手"，向学生提供的服务能起到一定的作用，切忌"踢皮球"。总之，就业指导服务的全面性既要做到学生覆盖面广，又要做到知识系统的全面，还要做到不分场合，不分时机，有求必应。

## （二）就业指导的观念应转变

从学生层面来讲，首先需要转变"啃老"观念，强化独立意识，让学生知道"慢就业"是一种奢侈的状态，没有一定的家庭经济支持很难维持，如不自力更生，各界可能也会投来异样眼光；其次是加强自身建设，挖掘个人主要优势，正所谓天生我材必有用，一个人如果无法将自己的优点与兴趣爱好相结合，将无法找到真正有价值感或幸福感的工作；最后做到抓住机遇，把握就业黄金时期，对于高校而言，大部分用人单位会选择在秋季学期进行校招，这也是用人单位优中选优的最佳时期，高校毕业生应该在这段时间多关注各大单位的校园招聘，并积极参与到申请工作的活动之中。从高校教师层面来讲，就业指导的知识、政策、形势等应具有较强的前瞻性，正所谓"知己知彼，百战不殆"，如不正确地认识教师自身条件、学生个人具体状况以及社会的就业需求，在就业指导方面是无法让学生信服的。

## （三）就业指导的针对性

贴近学生实际的因人施教，开展"就业疗养"工作，服务好有就业有困难或者正处于特殊时期需要指导的同学，当好一名就业指导心理师，激发学生的工作热情，倾听他们的诉求，帮助做好心理调适，防止他们产生懒惰懈怠情绪，延长"慢就业"时间。就业指导是高校的必修课，要做其内涵式建设就需要像职业规划一样，既要教又要跟，只有建立就业指导一对一数据库，不断有效地跟踪以及回访，方能知道就业指导落实是否到位，是否产生应有的价值，是否能为学生解决根本问题。再有就是完善并加强落实社会各界的就业指导服务，让学生们离校后仍然能够找到专业机构得到就业指导服务。

高校毕业生求职观念的转变和就业指导的片面性很大程度上影响了当前的就业形势。年轻人更多考虑的是未来规划和就业质量，而"慢就业"正好能为他们提供缓冲期，让他们能充分预计自己的工作状态和生活轨迹，因此成为他们慢下来的理由。纵观人生整个职业生涯规划，学生在高校期间是未雨绸缪的最佳阶段，在校期间理应早日制定一个合理的职业生涯规划路线，保持乐观的态度，充分认识到复杂的就业形势。择业期间切勿好高骛远，岗位的选择要结合实际情况，应当多了解求职市场的实际情况，努力提高自身业务能力，多方面寻求专业的就业指导，做好充分的就业准备，以此谋求职业发展机会，促进实现更高质量和更充分的就业。

---

4　汪莉. 职业生涯规划与管理 [M]. 北京：华侨出版社，2008.

# 第五节　全程化体验式职业规划与就业指导

我国高校的不断扩招，使得我国的高校应届生连年激增，毕业生的就业形势非常严峻，所以大学生职业生涯规划与就业指导在目前大学阶段是有效缓解大学生就业难的关键性课程。这门课程是从人力资源理论和实践的基础上发展的适应广大大学生需求的必备型课程。虽然职业生涯规划与就业指导在教育界已经得到了广泛的认可，但是，作为一门新兴学科在发展的过程中产生了很多问题，所以该文针对这种课程现状进行探讨和分析，主张用全程化体验式的新方式进行大学生职业生涯规划与就业指导。

随着现今大学生就业形势越来越严峻，大学生职业生涯规划与就业指导对于即将踏入社会的大学生来说有着重要作用，不但是缓解学生就业压力的一项保障，而且也是现在高校应对就业问题的一项重要措施。但是由于各高校间独立教学并不互相干预，所以导致大学生职业生涯规划这门课程，在实际教学过程中由于教学的方式和重视程度的不同，使得学生大多不能在正确的时间得到正确的指导，使这门课程实际所能达到的效果并不明显，对学生职业生涯规划和就业指导性并不强。所以，我们要着力对高校大学生职业生涯规划与就业指导这门课程进行改革，走出一条新的职业规划的道路，引导学生进行正确的职业规划。

## 一、对职业生涯规划的规避性及模糊性现状的探讨与思索

很多高校对职业生涯规划与就业指导这门课程的认知就是指导就业。高校对职业生涯规划与就业指导这门课程认识不清，对这门课进行很强的目的性导致将教学工作引向错误方向。随着高校大规模扩招，日益严峻的就业压力对我们高校教育来说是一个严峻的挑战。目前我国的有些高校中就存在着就业在高校教学工作中是最重要的。对于学生来说，工作不难找，难找的是合适的工作，所以某些高校的这种做法无疑是对学生的不负责，学生不能将学到的东西应用于实践是一件多么可悲的事情，更加凸显我们的高等教育的意义何在，更是对大学生生涯规划与就业指导的否定，使这门课程彻底失去意义。而且由于在校生和在岗人员的职业生涯规划的方向不同，学校对在校生的职业规划是对其进行引导，而从业单位对在岗员工的职业规划注重整合和协调。

高校对在校学生的就业指导的主体非常模糊没有明确的指向性。对于在岗人员来说，职业生涯规划主体非常明确，但是在高校里，大学生在不同阶段规划主体略有不同，在初期是以个人为主的自我分析阶段，在规划的过程中是以个人和学校为主体的共同规划阶段，由于社会的渗入还有可能是多项主题。但是大学生的可塑性非常强，对大学生进行合理的引导，树立起正确的就业观念。而对于在岗人员来说，则是单一的以自我为主体。

由于职业生涯规划具有不确定性所以使学校就业指导的教学工作难以被监督，所以在现在自主选择、双向就业的企业与学生双向选择的就业模式下，大学生很容易自己否定自己，这是为什呢？因为大学生在短时间内由于方向不明确，行动力不足，而且没有树立起明确的择业观念，所以很难制订一套适合自己的职业规划。再者说，由于现在高校学科体制并不健全，没有建立起完整的与职业生涯相关的学分制度。由于制度的缺失，所以导致职业生涯规划发展得不完全。

大学生职业生规划是个长时间的事情，短时间的培养很难使学生以正确的方式对自己的生涯进行规划。现在高校对大学生职业规划的培养是短时间的，只是一种形式的要求，并没有真正意义地对学生的职业规划能力进行培养。

## 二、全程化职业生涯规划的必要性和可行性研究

对于大学生来说，就业是关乎自己未来命运的大事，所以对于他们而言就业规划并不是一种计划，而是对自己未来择业有着重要作用的行动规划，它分析总结了最适合大学生自己的职业发展方向。所以学校与学生应该相互合作，共同制订合理的、有效的职业规划。全程化职业生涯规划从教师与学生共同合作的角度出发，结合职业生涯规划需求进行探索和研究。

首先，学生在制订职业生涯规划的过程中，需要教师全程化地对学生的职业规划进行指导。在制订职业规划的时候需要注意以下几个问题，在制订规划时要有明确的方向，不能盲目随便的制订计划，而且计划要有条例。很多学生在入学选择专业的时候对专业内容并不了解，进行实际的学习之后，发现自己对前途做了错误的规划。全程化的职业生涯规划可以彻底改变这种局面，将自我定位和学校的监督指导紧密结合起来，让大学生就业目标性更强，方向性更准。

学校要从以下几个方面入手对学生职业生涯进行规划，首先，要把握学生的学习状态和心理状态；其次，要对学生的了兴趣和能力进行了解和定位便于对学生有针对地进行职业规划。再次，高校要建立适合学生进行素质拓展的平台，拓展学生的素质和能力。最后，学校要积极与企业展开合作，并且建立相应的人才培养基地，从日常工作中出发对职业生涯规划进行管理。

单位招聘应届毕业生的时候，一般对学生的要求不高基本遵循可用及录，他们认为现有教育培养的学生，只具有理论水平而实际操作能力很差。所以，用人单位会对实习生进行第二次的培训。但是企业最终追求的是可以直接上岗的具有专业素质的从业人员，所以，这是高校与企业的双向选择，高校大学生就业难，但是，企业选人也不容易。这是我国高校教学体制应该思考的问题，造成如今大学生就业难的根本原因，不正是高校培养出的大学生能力有限，不符合企业的用工定位？所以，高校要对教育机制进行改革，培养应用型人才。

为什么要进行全程化的职业生涯规划与指导呢？有以下几个原因。

其一，大学是一个人从无知的青少年变成一个心理成熟行事稳重的社会人的关键性时期，通过全程化的职业生涯规划学生可以根据自身情况对此进行合理的调整和定位。其二，因为职业生涯规划需要一个稳定的环境。大学阶段的教学计划和课程设置有利于确定职业规划的主体，高校搭建素质教育平台有利于学生综合能力的提升。并且对于学生来说，可以确定明确的职业方向，选择适合的职业道路。

## 三、全程化职业生涯规划理论体系的建立与实践

高校应建立职业生涯指导体系。首先，要进行专业定位指导，有观点认为在职业生涯规划中环境定位是优先于个人定位存在的。所以，大学生应认清自己的专业优势，从自己所处的环境出发，选择适合自己的方式进行学习。高校应该对学生进行职业生涯设计的指导。由于专业课的开授学生对专业的理解更加深入，但是对于理想和现实的心理落差也很大，所以，教师应从两方面进行出发，对于学生进行心理定位指导和能力定位指导。学校和教师可以通过对学生展开心理测试从而研究他们的就业方向和心理上可能存在的问题。学校可以建立心理咨询室等对学生的心理问题进行疏导，或者根据学生的个人定位对学生的初步的职业规划进行指导。高校应组织教师对职业规划确认进行指导。在大学三年级由于学生的心理趋向成熟，而且专业课已经学习了很多，对于个人的认识比较准确，虽然大学职业定位可能会存在着职业定位不清晰的问题，但是大学生随着社会阅历的加深，学生对自己的未来定位会产生矛盾的心理，读研还是工作是一个十分困难的抉择，所以学校应该针对这个现象，对学生进行分类管理，对于不同水平不同层次的学生进行分类，然后分别对其进行引导。对于想读研的学生对学生的学习进行专业的帮助学生学习。对于想工作的学生来说，帮助他们对就业方向进行正确的定位。

高校应该对职业生涯规划机制进行建设。高校建设大学生职业生涯规划全程化理论体系职业生涯规划机制是不可或缺的一部分，而且要使职业生涯规划更加系统化和规范化体制建设是少不了的。

综上所述，该节对全程化体验式大学生职业生涯规划与就业指导进行了探究和分析，随着高校的大规模扩招，如何解决大学生就业难的问题，是现在我国的高校教育体制中急需解决的问题。所以，我国教育应该加强对教育体制的改革，大力培养社会需要的应用型人才，全程化体验式大学生职业生涯规划与就业指导要加快完善制度体制，这对缓解我国就业形式压力有着重要作用。

# 第六节  针对基层就业展开职业规划教育指导

基于目前大学毕业生就业的严峻形势，高校正在严抓大学生基层就业工作，积极提高就业指导与职业生涯规划课程教学质量，以提高大学生基层就业的意愿，缓解大学生就业压力。要提高大学生基层就业的动力，要先提高毕业生专业素质，促进个人期望与市场需求对接，做好就业教育指导和职业生涯规划工作，为大学生树立正确的择业观与就业观。

## 一、大学生基层就业与职业生涯规划教育现状

### （一）基层意识不足

现阶段大学生人才培养中忽略基层意识的培养，纵使国家鼓励学生到基层就业，以基层就业的人才缺失缓解大学生就业困难的局势，但大学生就业出现结构性的矛盾，一方面是高校对大学生基层就业教育重视不足，未从学生就业形势严峻的角度，考量学生基层意识的培养，学校在职业教育中忽略了对基层引进人才的重视，没有设置相应的教学体系与教学内容。另一方面则是高校在人才培养中，对学生职业规划指导与职业素养培育，缺乏长远发展机制，未真正从大学生长远发展入手，规划课程以及教学内容，不少院校的职业生涯规划课程流于形式，对学生职业发展的影响不大。综上所述，使得大学生基层意识不足，没有服务基层的就业意识。

### （二）未与社会基层接轨

目前大学生职业生涯规划课程教育，缺乏贴近社会基层的教育，没有直接有效地针对基层就业，对学生展开职业生涯指导，加之课程教学中缺乏实践课程体系，学生没有机会真正走进基层，面对基层，对基层的理解层面局限性较大。学生难接触基层单位，缺乏对基层单位的直观认识，且教育中忽略了早期关于基层意识灌输与培养的规划，教育内容停留在简历制作、组织招聘会、模拟面试等，没有深入学生性格、技能以及价值观念的探索。所以，职业生涯规划课程教育中，缺乏对学生就业观与择业观的教育，严重影响学生基层就业观念的建立。

## 二、职业生涯规划教育对学生基层就业的影响

职业生涯规划教育，是围绕大学生群体的全程化的职业指导工作，以学生职业发展为立足点，基于学生职业发展的相关教育指导，促使学生更好地了解与分析职业特点，在教育中树立正确的就业观，以激发学生的学习动力，从而让学生具有较强的就业意识，缓解目前学生就业的严峻形势。

这样的观念限制了学生到基层就业，职业生涯规划教育，是通过对当前形势与发展趋势的解析，以学生发展为主要教育内容，为学生树立正确的就业观念，以先择业再就业的理念，摒除传统人往高处的思想。因此，大学生教育中必须强化职业生涯规划教育，依托职业生涯规划教育加强学生就业动力，培养学生正确的择业观念，让学生主动、正确地认识基层就业目的，优化学生基层就业的思想，使得学生具备服务基层的意识与能力。

## 三、针对大学生基层就业展开职业生涯规划教育的策略

### （一）将基层意识教育融入思政课程，树立基层就业观

思政教育是学生思想引领的主要教育途径，作为党政治优势，在思政教育中融入基层意识教育，能有效提高学生的基层就业意识。思政教育如今正在互联网、多媒体以及新媒体等平台中逐步创新，构建新的思政教育格局，依托于课堂教学、主题班会教育以及校园舆论宣传的多种形式和途径，在大学生思政教育中实现基层就业意识培养，围绕学生生活、学习以及娱乐等多个途径，为基层意识培养、形成以及升华、巩固等奠定优良的教育基础 [5]。通过网络、校报等多个途径，逐步强化大学生的基层意识教育；邀请基层工作人士举办座谈会，宣传基层就业先进典型事迹、各项优惠政策等，为毕业生指明基层就业的渠道与途径，树立优质的大学生基层就业光荣形象，让学生以服务基层就业的意识，积极投身基层就业、转变传统的就业观念；依托"艰苦奋斗、扎根基层"的主题教育活动，促使学生做好职业规划，鼓励学生到基层就业。

### （二）树立基层教育意识，优化职业生涯教育内容

职业生涯教育中，必须贴近社会、贴近生活、贴近大学生，从大学生发展与创新角度，针对学生职业生涯进行科学、系统的教学。大学生职业生涯规划课程，作为加强大学生职业生涯规划的重要方式，要摒除传统的纯理论教学内容，基于学生实际发展，优化设计新的职业生涯规划教育内容，让学生接受系统、完善的就业教育，使得学生及时认清自我、了解自我，构建合理的职业生涯规划观念。职业生涯规划课程内容的改革与创新，应该设置面向西部开发、面向基层就业等的章节，依据我国基层发展与各项政策，作为主要的教学依据，指导学生认识"大学生选调与大学生村官""大学生志愿服务西部计划"等专项大学生基层就业计划，开展面向基层就业的专题指导内容，让学生自主谈论，教师认真摸索与调研，激发学生对基层兴趣与服务基层的意向。

### （三）完善基层就业信息渠道，构建基层就业服务体系

除在职业生涯规划中树立基层教育意识以外，还要为大学生构建基层就业信息渠道，为学生构建基层就业服务体系。针对学生基层就业需求，提供就业信息、就业服务等，便于学生查询基层就业的各项信息，以招聘信息、基层工作信息、前景信息、政策信息等为

5  马克思、恩格斯.马克思恩格斯选集：第 4 卷 [M].北京：人民出版社，1995.

主，为学生搭建就业服务平台，便于学生针对基层岗位需求，针对性地提高自身能力，明确职业发展目标。在职业生涯规划课程中，以服务平台让学生客观地了解基层岗位，基于信息技术与互联网获取各种就业招聘信息，提高学生的就业能力。通过图文并茂的专题形式，在互联网以及新媒体平台中举办主题活动，优化教育内容的同时，革新教学形式与教学方式，培养大学生面向基层的兴趣与服务基层的志向，让学生可在完善的服务平台中，明确基层就业方向。

在职业生涯规划课程中，教学内容、教学方式等都是围绕学生就业难的问题，针对学生认不清局势、把不准方向以及找不到岗位等问题，通过系统的教育让学生理性认识当下的行业发展趋势，从岗位人才培养以及人才就业两方面，以学生实际就业为教育发展点，使学生重新定位自身的发展方向，让学生充分了解基层经济发展与人才需求特点，针对大学生基层就业的"水土不服"的本质原因进行分析，进一步为学生树立基层就业的信心。

# 第七节　职业规划与就业能力的提升指导

近年来，关于大学生职业生涯规划与就业能力提升方面的文献很多。邹霞、李继富在《论职业生涯规划在提升大学生就业竞争力中的作用及其实现途径》一文中，指出职业生涯规划帮助大学生转变就业观念，有计划地提升自身素质，提高就业能力，成功达成就业目标。刘小娣在《职业生涯规划在提升大学生就业竞争力中的效能研究》一文中，指出高校职业生涯规划教育缺乏系统的理论研究和实践体系，需要加强职业生涯规划教育提升大学生的就业竞争力。张朝红、乔海英在《基于职业生涯规划的大学生就业力提升对策——以西北农林科技大学机械与电子工程学院为例》一文中，指出就业形势日趋严峻，大学生需要加强职业生涯规划，提高自身的就业竞争能力。已有的文献主要集中在职业生涯规划教育的重要性，大学生职业生涯规划对就业竞争力的功能与作用，本节主要研究大学生职业规划与职业能力提升对策。

## 一、职业规划对于大学生就业竞争力的效能提升表现

职业规划对于大学生就业竞争力的效能提升表现：帮助大学生转换身份，减少大学生就业能力存在的问题，提升就业与职业竞争力。

### （一）帮助大学生转换身份

帮助大学毕业生迅速实现从学生到劳动者的角色转换，缩短其转换过程。当代大学生呈现很多个性化特征，大学毕业之后进入职场，会遇到各种问题和困难，通过职业规划，可以帮助大学生进行职业身份的转换，提高相应的岗位胜任能力，快速适应各种不同的职业环境，能够快速地从学生身份转变成职业人。职业生涯规划不仅是确定职业方向，更重

要的是能够立足工作岗位，敢于面对各种职业压力，在职场中保持充分的竞争优势，从而获取更多的发展空间。

### （二）减少大学生就业能力存在的问题

大学生就业难的主要原因在于大学生的就业能力存在问题。当前就业难的形势下，大学生就业能力存在的问题颇多，主要表现在就业心态不端正（存在眼高手低）、专业技能不扎实（学习不够刻苦）、没有明确的职业生涯规划（大学生涯胡混，毕业时迷茫无措）、缺乏专业实践、综合素质水平低，加强大学生的职业规划，对于大学生来说，能够有效地分析大学生面对就业存在的主要问题，有针对性地采取措施提升就业能力，顺利就业；提高岗位胜任能力，就业后能够更好地胜任岗位，拥有较好的发展前途。

### （三）提升就业与职业竞争力

职业生涯规划可以实现大学生的成长与发展，大学生因职业生涯规划与管理，对自我的优势、兴趣、能力以及职业前景有了较为全面和充分的认识，结合企业资源，通过生涯规划技术实现对自我生涯的管理，帮助大学生更好地认识自我，制订更合理的职业规划，有针对性地获取职业知识与技能培训，提升大学生的就业与职业竞争力，成功地就业，就业后能够有效地解决职业环境中遇到的各种困难，职业发展中有较强的竞争优势。

## 二、大学生职业规划与就业能力提升对策

加强大学生职业规划，提升大学生的就业能力，大学生的就业能力结合了多种能力，包括思想能力、学习能力、实践能力、应聘能力和适应能力，构建多元能力的人才培养体系，建立职业素养提升工作坊以提升大学生的职业化素养。

### （一）注重职业规划与能力测试

大学生注重职业规划与职业能力测试，需要分析自己的性格，通过职业能力测试，定位适合自己的岗位；然后分析自己掌握的知识与技能，查找此方面的不足，有方法、有步骤地提升自己的知识与技能；分析自己掌握的或者能够调配的社会资源，寻找资源优势和不足；进一步确定自己的职业发展目标[6]。

### （二）提升大学生的思想能力

思想能力是指思维能力，是指创新能力和政治鉴别力、社会洞察力、情感道德品质的综合体现。大学生拥有成熟的思想，对就业形势能够进行分析，形成正确的就业观、择业观，具有创新创业思维。大学生需要努力，不断加强完善自身的思想意识，提升自己的思想能力发挥，发挥主观能动性和自律性，培养自己的辩证分析问题的能力，以更好地就业。

---

6 刘海春. 高校辅导员职业生涯发展教程 [M]. 北京：人民教育出版社，2009.

### （三）培育大学生的实践能力

实践能力是指运用知识的能力，是就业环节中的点睛之笔，是各种能力综合应用的外化体现。加强大学生实践能力提升体系构建，鼓励大学生参与各类社会活动，增强岗位体验，增长见识的同时，提高岗位认知能力。高校需要构建符合高素质人才培养目标要求的综合型教学新体系，建立实践教学体系，强化课外科技实践活动部分，鼓励大学生参加学科竞赛，提高大学生实践能力，综合素质培养；注重营造校园创新创业氛围，鼓励大学生进行创业实践。

### （四）注重大学生的学习能力

学习能力是指获取知识的能力，它是就业能力的基石。大学生的学习能力能够让大学生提高分析问题、解决问题的能力。学术创新氛围方面，提高大学生的创新创业能力。大学生提高学习能力，培育多元才能（知识整合能力、社交能力、心理素质、团队合作、理财能力、策划与决策能力），提升核心能力（注意力、观察力、记忆力、思维力、创造力、理解力、语言表达能力、操作能力、运算能力、听/视知觉能力等）。

### （五）重视大学生的适应能力

适应能力是指在各种环境中驾驭自我的心理、生理的调节能力，它是大学生就业乃至完成由学生角色向社会职业角色顺利转变的关键。大学生需要注重自我锻炼，重视各类社会实践活动的参与，主动地参与社会工作，对社会现实有一定的了解，更能尊重社会事实，形成积极的心态。同时，大学生需要注重身心健康发展，积极应对人生挫折，增强耐挫能力，有效地解决所遇到的困难。

### （六）建立职业素养提升工作坊

为了全面提升大学生的职业化素养，充分挖掘大学生自身潜能，提高大学生整体素质，打造受用人单位青睐的毕业生队伍，职业素养提升工作坊通过开展多种主题活动，比如语言艺术与沟通技术、个人礼仪与形象设计与自我管理，塑造大学生个人职业形象，培育大学生良好的个人礼仪、规范的处事行为习惯，以及提升大学生职业技能及职业道德等；举办职业素养提升工作坊系列讲座，进一步增强大学生的就业核心竞争力。

在新时期大学生就业难的形势下，大学生需要注重自身长远发展，通过加强职业规划，有目标、有方向地提升自我，以促成自己顺利就业。大学生需要通过职业规划，根据就业形势与政策，调整就业期望，确定职业定位方向，了解未来职业所在的行业现状和发展前景，职业岗位对求职者的自身素质和能力的要求等，并且有效地调整自己的心理和行为，注重培养良好的心理品质，提高自身能力和素质，提高整合资源的能力，不断提升就业竞争力。

# 第六章　大学生创新创业教育

## 第一节　大学生创新创业教育概述

随着我国创新驱动发展战略的不断深化，创新型人才的需求迅速增大，大学生作为创新创业生力军，如何培养其科技创新能力至关重要。由于我国的教育模式相对较为传统和固化，大学生科技创新能力培养面临诸多问题，如大学生科技创新意识薄弱、创新成果缺乏研究价值和可行性、指导教师积极性不高、高校缺乏相关硬件支持等。为此，本节探究大学生科技创新能力培养的路径，发现激发学生参与热情、提供项目经费支持、进行系统培训、开展科技竞赛、搭建科研平台、制定激励机制是培养大学生创新创业能力，推动科技成果转化的重要途径。

随着我国经济的不断发展和供给侧结构性改革的不断推进，社会对创新型人才的需求迅速增大，"大众创业，万众创新"已经成为时代潮流，国家自上而下，多举措、全方位为创新创业者提供支持。大学生作为创新创业的生力军，对推动社会创新性发展发挥了重要作用，高校培养高素质创新型人才迫在眉睫。

### 一、培养大学生创新创业能力意义重大

在经济全球化的背景下，只有科技的不断进步，才能增强我国在国际上的主动权和话语权；同时，随着经济下行压力的持续加大，就业形势不容乐观。大学生创新创业是增强国家竞争力，缓解就业压力，将研究成果转化为生产力的有效途径。

有利于提高学生综合素质。通过开展创新创业活动，有利于引导大学生将专业知识用于解决实际问题，了解理论知识和实际应用的差别和联系，明确今后的学习方向。同时，大学生在参与双创活动过程中，可以锻炼意志品质，探寻解决问题的方式方法，进而增强分析和解决问题的能力、写作能力和制作演示能力，培养发散创新思维。

有利于缓解社会就业压力。近年来，大学毕业生逐年增多，经济却面临下行压力，大学生就业形势严峻，因此国家鼓励大学生创业，并提供了众多优惠政策。目前很多新兴公司都是大学毕业生创办的，提供了大量的就业岗位，缓解了社会压力。这些创业者在商业环境中迅速成长起来，成为某一领域的领军人才。

有利于推动研究成果进行转化。大学是科学研究的重要阵地，很多新科技、新成果都是在大学里研究出来的，不过目前很多成果并未转化为产品，仅仅停留在实验室阶段。大学生有机会接触最新的科学技术成果，如果能够充分利用这些新资源，将科技转化为生产力，用于人们的生产生活，将为创新型社会的建设发挥重要作用。

## 二、大学生科技创新能力培养的现状及困境

近年来，我国科技能力不断增强，在部分领域已经位于国际前列，解决了很多重大战略问题。在科学研究不断取得成果的同时，社会对大学生科技创新能力培养愈加重视，国家多部委和专业学会为此组织了众多科技活动。各高校也积极响应号召，主动在培养学生科技创新能力上下功夫。不过，由于我国长期以来形成的陈旧落后的教学模式已经根深蒂固，很难在短时间内满足当前社会日新月异的发展需要，大学生创新创业教育并未获得质的提高，主要存在以下几个问题：

大学生科技创新意识薄弱。我国长期以来实行的"应试教育"忽视了学生创新意识和实践能力的培养，学生习惯了被动接受知识，在面对新事物的时候，没有探索创新的勇气，创新意识薄弱。而且大部分本科生专业知识储备少、科研能力弱、自信心不足，一旦在项目研究中遭遇失败就会严重受挫。此外，在目前的招生政策下，众多学生为了追求"名校"而忽视了兴趣和特长，选择了不适合自己的专业，慢慢失去了深入研究的热情。

大学生科技创新成果缺乏研究价值和可行性。众多科技创新成果的取得往往需要长时间的积累，如果没有大量的实践验证，科技创新成果的价值就会大打折扣。学生在求学阶段的学业压力大，课余时间少，难以将大量的精力和时间投入科技创新活动，多数学生靠短时间的突击来应付项目检查或参加科技竞赛，由于没有长期的科研支持，难以取得突出成果。而且科技工作需要大量的理论知识积累和锲而不舍的钻研精神，学生自身能力不足，意志不够坚定，很难达到科研项目的要求，导致项目可行性差。

指导教师积极性不高。高校教师教学和科研压力大，考核任务重，大部分精力都放在了自身的教学和科研工作中。很多高校不重视教师指导学生参加科技创新活动取得的成果，缺乏相应的激励机制，教师指导大学生创新创业活动多是出于责任心。如果学生再敷衍了事，就会打击指导教师的积极性，让教师逐渐失去指导学生的内在动力。

高校缺乏相关硬件支持。大学生参加创新实践活动需要一定的场地、经费和设备等硬件支持，高校的实验设备大都统一购置，这类实验设备虽然便于管理和维护，但不具备二次开发性能，留给学生设计的空间较小。同时，很多高校没有完善的科研平台，一些科研实验室和设备都有专人管理，并不完全对学生开放，导致学生开展创新实践活动的难度较大。

## 三、提高大学生科技创新能力的措施

为营造创新创业氛围，提高学生创新实践能力，需要整合多方资源，搭建大学生创新实践平台，让学生有机会参与创新创业活动，通过平台引导、助力、管理各项创新实践工作。

加强思想引导，激发学生双创热情。搭建师生交流平台，邀请名家大师为学生答疑解惑，指导学生开展创新创业活动。同时，邀请成果突出的学生分享创新创业经验，为广大学生树立标杆。建立教师讲授知识、优秀学生传授经验的讲座体系，让学生树立远大理想，积极投身双创活动中来。

推出创新计划，提供项目经费支持。培养学生的创新创业兴趣，积极引导学生参加大学生创新创业项目。采取教师发布项目供学生选择或学生根据调研情况自拟项目两种方式进行项目立项，对于成功立项的项目学校提供经费支持，并严把经费准入准出关，提高项目日常检查和结题标准，让学生朝着更远大的目标奋斗。对具备市场潜力的项目给予大力支持，推动创新成果转化为生产力。

开设培训课程，系统提高双创能力。制订双创能力提升培训方案，为培训提供标准和依据，在基础理论、文献检索、专利申请、论文撰写、竞赛备赛等方面开设课程，对学生进行系统的培训，让学生明晰取得创新创业成果的方法和途径。同时，积极争取校外资源，为双创成果突出的学生提供赴企业实习和出国开展学术交流的机会，让他们有更多机会了解行业前沿技术。此外，开设大学生科创讲堂，学生定期汇报项目进展，教师及时进行指导，保证项目顺利进行。

以赛促学，构建人才梯队。目前大学生科技竞赛呈现百花齐放、百家争鸣的良好态势，高校要建立覆盖各专业、各年级的科技竞赛体系，为学生提供参赛机会。对于在竞赛中表现突出的项目和个人，按照多学科、跨年级的原则进行组队，以发挥优势互补，以旧带新的作用；同时邀请相关专家进行一对一辅导，进一步完善项目以参加更高级别的竞赛，为学生提供广阔的成长和展示平台。逐渐构建起专业教师全程指导、学生人才梯队培养、高校提供硬件支持的竞赛支撑体系。

梳理双创信息，着力搭建科研平台。目前各类大学生双创培训和竞赛信息鱼龙混杂，很多学生不具有分辨这些信息的能力，无法准确获得创新创业项目和竞赛的参与途径。为此，需要根据学生需求梳理双创信息，建立一体化信息集散平台，为学生提供项目双选、竞赛资讯、辅导资料、培训讲座、优秀案例等资源。同时，要根据学生双创能力培养需求，推进实验室开放课程的建设，协调实验室资源，为学生提供实验场所和设备，让学生能在实践中探知真理，在科研项目中获得知识。

制定激励机制，提高师生参与积极性。为充分调动学生参与和教师指导大学生创新创业活动的积极性，需制定相应的激励机制，对取得突出成绩的学生在出国交流、奖学金评定、推免研究生等方面给出明确的奖励办法。将教师指导学生取得的科技成果进行量化，量化结果直接与教师考核和职称评定挂钩，并大力表彰优秀指导教师，提高教师积极性。

大学生科技创新能力的培养一方面要保证基础理论教育的完整性和系统性；另一方面要加强实践环节的硬件支持和政策引导，充分调动师生积极性，为师生交流搭建好平台。建立学校提供保障和政策支持、指导教师提供专业化指导、企业提供实习和试行条件的全方位、全程化双创育人体系。让学生能够在参与创新实践活动的时候找到归属感和获得感，让双创成果成为经济发展的新引擎，让创新型人才成为社会进步的新动力。

# 第二节  大学生创新创业教育的运行机理

我国大学生创新创业教育的运行机理包括微观和宏观两个方面。其中，微观机理包括环境熏陶机理、素质建构机理和动力激励机理等；宏观机理包括制度引导机理、竞争催动机理和评价反馈机理等。只有结合微观机理和宏观机理，才能正确而全面地认识我国大学生创新创业教育的具体运行。

"机理"一词原意是指机械所具有的基本结构和基本原理，它最初是用于工程学之中，但随着各学科之间的不断交融，该词汇也逐渐用于生理学、经济学、管理学等学科。所谓"运行机理"，是指为了使特定系统达到某种运行状态而设置的系统各要素的结构和作用方式。我国大学生创新创业教育也具备一定的运行机理，其中，利益、需求、激励、竞争等不同要素相互交错，共同实现对高校学生进行创新创业教育的目的。下面笔者从微观和宏观两个角度对我国大学生创新创业教育的运行机理进行阐述和说明。

## 一、我国大学生创新创业教育运行的微观机理

在对我国大学生创新创业教育的运行机理进行探索时，可以从心理学角度对其进行微观的把握和剖析。大学生创新创业教育应更好地发挥其激励和促进作用，更好地引领大学生主动接受创新创业教育，进而提升大学生的创新创业意识。大学生创新创业教育还应合理发挥其熏陶和感染作用，使大学生在心理层面对创新创业教育产生认同感。我国大学生创新创业教育运行的微观机理主要包括以下三方面：

### （一）我国大学生创新创业教育的环境熏陶机理

美国的莱夫和温格于1990年提出了"情境学习理论"。该理论认为，人们在开展各项行为活动时，一方面会进行一定的思维，做出相应的判断和决策；另一方面，人们的行为也具有实践性和社会性等特点，学习者自身的思维意识，是学习者在与情境的互动中生成的。因此，为了达到更好的创新创业教育效果，高校应采取各种措施，为学生营造一个更有利于提高学习效率、获得正确创业认知的环境。比如，可以通过各种途径（如学校的广播、网络或宣传栏等），加强对创新创业教育有关知识的宣传，更好地为大学生注入创业的理

念。要营造支持创业的社会氛围，还必须借助新闻媒体的公信力，让社会的每一分子都感受到创业带来的激情和震撼。目前，CCTV推出的《赢在中国》《创新中国》《创业中国梦》等节目，都是以创新创业为主题，对社会各界的影响都非常之大。在进行大学生创新创业教育时，还需要在学生心目中树立一定的榜样意识，进而促进学生更好地向心目中的榜样学习。应广泛收集各种创业成功人士的典型事迹，树立合适的典型能有效调动大学生的创业积极性。通过这种"典型式"熏陶，能让学生认识到创业之不易，让他们了解在进行实际创业活动时会面临很多不确定因素，只有及时对这些不确定因素进行预测和判断，才能使企业经营面临更少的风险。

高校在开展创新创业教育时，应根据实际需要，为大学生营造良好的创业情景模拟环境，以促进大学生创业动机的产生。通过这种方式，能使大学生在特定环境中正确而全面地分析创业中的各种问题，并发现自身不足，进而有针对性地提升自己的创业能力和素质。在此过程中，既要发挥教师的引导和启发作用，又要体现学生作为学习主体的创造性。例如，通过创业教育中的案例分析，能将学生带入全新的创业环境。案例教学法能将蕴含专业知识的现实问题搬进课堂，引导学生积极思考，使其主动学习、讨论和实验。大学生创新创业教育就是要教会学生解决一个个创业问题，所以选择良好的案例是教学成败的关键。一个好的案例能激发学生强烈的问题意识和探究动机，引起学生的积极思考，从而发挥其思维力和创造力，使其最终能独立解决问题。

### （二）我国大学生创新创业教育的素质建构机理

维果茨基、皮亚杰、布鲁纳等人提出了"建构主义学习理论"，其基本观点是：学习是学生主动建构自己知识体系的过程，学生会依照自身的经历和所面临的环境，对所遇到的问题进行分析和判断，进一步提升自己的能力，并在此基础上对已掌握的知识进行提炼和升华。因此，在教学过程中，不可以简单机械地进行知识灌输，而是要更好地引导学生，让学生在已经获得的知识的基础上进一步建构新的能力体系。

一般来说，在创新创业教育的培养下，大学生知识和能力的建构可分为两大方面，即智力因素和非智力因素的建构。智力因素在创造性活动中具有直接参与对客观事物的认识、处理各种内外信息等作用，这些作用体现在一个人的智力水平上，主要包括感知、记忆、思维、想象等。非智力因素在创造性活动中具有动力和调节作用，对活动起着发动、维持、强化、定向和引导作用，主要包括动机、兴趣、情感、意志、性格等。在开展实际创业活动时，尽管对智力的要求是很高的，但一些非智力因素同样极为关键。

在创新创业教育的素质建构过程中，学生会通过已有的认知结构，对新的知识和经验进行归纳整理，建立起适合自己的新的知识结构。借助案例式教学，能培养学生主动学习的习惯，从而发挥学生的积极性、主动性，使其边学、边想、边做，最终形成新的知识体系。此外，要充分利用学生社团的力量，把学生社团作为对学生进行创业意识和创业技能教育的有效载体和途径，以培养学生的创业精神和动手能力。例如，斯坦福大学在校园内建立了亚太学生创业协会、亚洲科技创业、生物设计网络协会、企业家俱乐部等创业社团，这为斯坦福大学的师生与校外人员进行创业方面的学习、交流与合作建立了良好的平台。在这些社团的大力影响下，斯坦福大学的创业氛围非常浓厚，创业活动十分活跃。在我国，可以鼓励和倡导成立有利于进行创新创业教育的学生社团，如"未来管理者协会"、"文学创作协会""影视创作协会""无线电爱好者协会""小发明家协会""法律咨询服务社""勤工助学服务中心""信息服务中心"等，让大学生可以根据自己的爱好选择合适的社团作为依托，以提升自己的创业素质。

### （三）我国大学生创新创业教育的动力激励机理

激励是一种手段，通过进行有效的激励，能使人们获得正确的价值认同，进而提升人们工作的积极性和创造性。亚伯拉罕·马斯洛于 1943 年发表了他的划时代巨著《人类激励理论》，他在该书中提出，人有五种不同层面的需要，即生理需要、安全需要、社交需要、被尊重的需要和自我实现的需要。在马斯洛的理论中，这五种需求是有层次之分的，在前面层次的需求获得满足的情况下，人们才会努力实现更高层次的需求。在特定的时间或空间里，人们可能会同时有多种不同的需求，但其中将满足而未满足的需求会占据重要地位，主导着人们的行为。

创业者的需求大体包括三个方面：获得经济利益、提高知名度、实现自我价值。在我国大学生创新创业教育的激励过程中，要注意满足不同主体多层次、多样化的需求。激励必须有针对性，不同组织、不同对象对激励的要求也会不同。在对创业教育教师进行激励时，精神上的奖励往往比物质报酬更能满足其心理需要。当教师看到学生获得进步和成功时，其心中的成就感往往能给他很大的激励。

大学生在进行创业时的需求是十分丰富的，种类有很多。创业成功能使大学生改善生活条件，并更好地实现自我价值，获得自我满足感和认同感。以往高校对学生的激励主要采取精神激励的方式，激励对象主要是获得某些创业竞赛名次的同学。比如，当学生通过激烈的比赛获得名次时，很多高校会给这些学生颁发证书，或举行一场表彰大会，会后让学校新闻部门采访获奖者等。但我们要注意到，由于学生的经济条件不如教师，在对学生进行激励时，应注重物质激励和精神激励相结合。在市场经济条件下，人们不仅关注物质需求的满足，还希望获得一定的社会认可，提升自己在他人心目中的地位。一定的物质激励能使学生有更强的学习和实践动力，针对在校大学生的创业活动，学校要在创业基金和开辟专门场地上给予学生一定的物质支持，这样才能给予他们持续创业的勇气。

## 二、我国大学生创新创业教育运行的宏观机理

在我国大学生创新创业教育的运行中，通过对大学生创业者的引导，强化其创业动机，并促使其动机转化为创新创业行为。从宏观角度来看，我国大学生创新创业教育内部存在制度引导机理、竞争催动机理和评价反馈机理。通过这些机理的作用，大学生创业教育能

宏观地引导创新创业服务于国民经济和社会发展，并促进优秀创业人才脱颖而出，从而形成崇尚创业、尊重创新的社会环境。

### （一）我国大学生创新创业教育的制度引导机理

美国心理学家华生提出了著名的"行为主义理论"，该理论的主要内容为：人们在进行某些行为时，往往有很强的目的性和针对性，如果该行为能更好地满足其需求，他就会坚持下去；反之，他就会终止这些行为，并分析自身存在的不足之处，进而改进和调整自己的行为。美国学者库尔特·勒温进一步指出，人们的行为是其人格与其当时所处制度环境交互作用的结果，也就是说，人们所进行的各种行为活动是同时受自己心理状态和所处制度环境影响的。

创业是一个渐进的过程，知识的点滴积累，技能从量变到质变的飞跃，都是一个长期的进程。大学生创业者在进行实际创业活动时，可能会遇到各种各样的问题和挫折，要想更好地应对和处理这些问题，以一种平和的心态面对不同的挫折，需要创业者具备很好的心理素质。因此，心理素质的培养十分关键，而学生所处的制度环境会对其心理素质培养产生很大影响。为此，一方面，高校应根据实际情况，制定和实施创新创业教育相关的管理制度，并要求学生严格遵守；另一方面，创新创业教育教师应更好地扮演自己的角色，发挥榜样和示范作用，通过自己的人格魅力感染学生，从而提升学生的创业动力。

我国大学生创新创业教育需要有良好的制度引导机理，这种制度引导是多方面的。例如，在我国大学生创新创业教育中，普遍采用了弹性学分的引导制度。所谓弹性学分制度，是指为了尊重学生的个性化特点而建立的课程自修、免修、学分置换、学分积攒的制度，旨在发挥学分制对大学生创业的引导功能。在创新创业教育过程中，高校会鼓励学生在课余时间开展各类自主创业活动，这种情况下，弹性学分制度就成为不二选择。创业是一件很讲求机遇的事情，机遇稍纵即逝，如果学生发现了一个创业机遇，但由于学校有太多管理制度的约束而无法行动，便会导致错失创业良机。而弹性学分制度，就是对传统教学模式和管理制度的一种革新，它能充分调动大学生的积极性，让他们自觉学习，它能有效推动创新创业教育的发展。

### （二）我国大学生创新创业教育的竞争催动机理

在创业过程中，当人有了创业动机并具备一定诱因条件时，就会引起创业的行为。我国大学生创新创业教育把竞争引入其中，强化了创业者群体活动的动力，激烈的竞争促使他们能尽快创造出良好效益。在创业竞争中，创业项目能否得到社会承认是决定竞争胜负的关键，诚如美国学者默顿所说，"在为人类做贡献的有组织的竞赛中，谁跑得最快，谁首先做出了贡献，谁就将赢得这场比赛"。企业如果能在竞争中占得先机，就能获得更多的收益，并实现企业的快速发展。企业要想获得自身的发展优势，就必须通过科技创新，掌握前沿的技术，并形成企业自身的核心竞争力。从整个社会来说，竞争能在一定程度上提高我国自主创新能力，更好地发挥自主创业推动技术创新的杠杆作用。

在我国大学生创新创业教育中，创业计划竞赛是竞争的重要手段之一。创业计划竞赛的作用，不仅在于催生公司，它还能促进大学生更好地参与创业实践活动，从而提升自己的创业能力和素质。对于没有参赛的学生而言，创业计划竞赛也是一种氛围的熏陶，能使其对创业有一定的认识和了解。充满青春热情的大学生往往具有追求成就、实现自我价值的强烈愿望，而创业计划竞赛恰恰为这批大学生提供了一个自我展示的平台。大学生在参与创业计划竞赛的过程中，需要开展多方面的工作，如编写创业竞赛计划书，与老师、同学进行沟通和交流等。在这个过程中，学生不仅获得了更多的友谊和知识，还能显著提升自己的团队意识和应对各种事件的能力。

### （三）我国大学生创新创业教育的评价反馈机理

对创新创业教育进行评价，其评价对象是大学生创新创业教育活动，评价的主体包括政府、社会和高校三个方面。政府评价主要是对学生的创业率和就业率、毕业生创业效果、毕业生对创业机会把握能力的评价。社会评价的主体包括社会舆论组织和非政府组织等，主要是对学生的综合素质、职业结构、创业成功率、收入、社会影响力等的评价。高校评价是一种自我评价，主要由学生、教师、高校职能部门参与评价。高校评价主要是对创新创业教育的理念、创新创业教育课程的开展以及创新创业教育课程的满意度的评价。对创新创业教育理念的考察，主要包括学校对创新创业教育的重视程度、宣传效果以及提供资金、场地、优惠措施的力度；对创新创业教育课程开展情况的考察，主要包括创新创业教育课程的开设、创业活动的开展、创业实践的实施、学生创业素质的养成等方面；对创新创业教育影响面及满意度的考察，主要包括创新创业教育的普及程度及其在学校中的影响力、学生接受创业课程的比例、学生参与创业竞赛的次数以及学生和教师对创业教育效果的认可度。

对我国大学生创新创业教育的评价，可以分为形成性评价与总结性评价、定量评价与定性评价等。形成性评价主要考核学生在创业课程学习中的认真度、创业活动及实践中的参与度和积极性，这种评价需要多次进行、随时开展；总结性评价主要考核学生在创业课程结束后的收获，可以单人考核，也可以团体考核，可以单项考核，也可以综合考核，可以书面考核，也可以口试答辩。定量评价主要关注大学生创业课程的成绩，却容易忽视个性发展、心理品质和行为规范等难以量化的指标；定性评价主要是对学生的平时表现、学习情况、创业意识、创业品质等的观察和分析，并据此直接对学生做出定性结论，如评出等级、写出评语等。一般来说，知识的掌握和能力的培养需要用测验法、问卷法来了解，创业意识和心理品质的形成需要用访谈法、观察法来了解。在运用以上方法的时候，必须综合运用并对结果进行合理的处理与分析，以防止出现以偏概全的情况，从而保证评价结果的准确性。以美国为例，Vesper 教授于 1997 年对大学生创新创业教育的评价提出了七项标准：创新创业教育提供的课程、教员发表的论文和著作、创新创业教育对社会的影响力、毕业校友的成就、创新创业教育项目自身的新颖性、毕业校友创建新企业的情况、创新创业教育的外部学术联系（如举办创业学术会议、出版创业学术期刊等）。我国学者也提出了以创新创业教育的课程、师资、创业环境、学生四个方面为主线的，八大类四十项指标的大学生创新创业教育评价体系。具体八大类为：教学方法、教师专业背景、核心课程体系、教师科研能力、创新创业教育硬环境、创新创业教育软环境、学生专业背景、学生个性特质。但我们要看到，大学生创新创业教育不能仅通过写了多少高质量计划书、得了多少创业竞赛奖、办了多少公司等指标来评价，而是要看有多少大学生在接受创新创业教育后通过自己的努力为社会增加了财富，或通过自己的创业为社会减轻了就业负担和压力，这才是我国大学生创新创业教育的真实成效。也可以说，创新创业教育评价不能只停留在数据层面，而应从社会层面和实践层面进行全面的评价。

综上所述，制度引导机理、竞争催动机理和评价反馈机理对我国大学生创新创业教育来说都是不可或缺的，它们共同构成了大学生创新创业教育的宏观机理。上述三条机理，都是为实现新时代大学生创新创业教育的多元化目标（经济目标、技术目标、社会目标、生态目标等）而服务的。只有把大学生创新创业教育的微观机理和宏观机理结合起来，才能全面认识我国大学生创新创业教育的具体运行。

# 第三节　大学生创新创业教育体系建设

为了推动大众创业、万众创新，更好地促进大学生创新创业，笔者通过实地考察对高校大学生创新创业现状进行调研，提出构建大学生创新创业模拟系统，健全创新创业模拟系统管理机制。通过打造集服务式、平台式与轻资产模式为一体的创业实战平台，为大学生创业提供各项咨询、业务办理以及对接投资等服务。完善大学生创新创业体系，培养大学生创新创业意识，帮助大学生解决创业中的实际问题，提高大学生创新思维和实践实战能力。

大学生作为高素质群体，在创业中具有较大优势。据有关调查，在"大众创业，万众创新"背景下，具有创业意向的在校大学生已高达七成，但大学生实际创业率与创业成功率却与之形成巨大反差。大学生是我国创新创业的一股强大力量，如何更好地利用这股力量，需要高要做好对应的创新创业教育，提高大学生的创业意识和成功率。大学生创业不仅有利于大学生成长，培养大学生的创新创业意识，还能提升大学生自身的社会实践能力和组织协调能力，无论未来创业还是就业，都对大学生发展大有裨益。

国务院 2018 年印发《关于推动创新创业高质量发展打造"双创"升级版的意见》，国家非常重视大学生创新创业教育，国家推动大学生创新创业教育高质量发展是落实创新驱动发展战略、促进经济提质增效升级的迫切需要，更是促进高校大学生高质量创业就业的重要举措。

# 一、高校大学生创新创业存在的问题

## （一）大学生缺少创业实践经验

大学生生活学习长期局限于大学校园，缺乏社会交流，社会经验不足。而大学生课堂学习偏重于理论学习，很难获得实践机会，同时缺乏社会关系和社会网络，获取市场有效信息的渠道有限，社会资源相对匮乏。大学生在创业实践过程中，考虑问题简单化、理想化，创业实践经验不足，无法适应市场发展规律，有效解决实际经营中面临挑战的能力不足，这些都是导致大学生创业成功率低下的原因。

## （二）创新创业教育体系不够健全

高校创新创业理念落后。当前我国高校的创新创业教育，某种程度上仍然保留着"老一套"的教育理念，还普遍存在以教师为中心、以结果为导向的灌输式教育方式。传统的教育理念在当今时代已无法培养社会发展所需的创新人才，高校的创新创业理念亟须改变，需与时俱进，不断探索适合现代化发展的创新创业教育理念。

高校创新创业教学方式单一。在我国，高校作为大学生创新创业教育的主要承担者，在创新创业教学设计中，对大学生创业所需理论知识的传授普遍欠缺，理论知识与创业实践操作能力有机结合的课程内容更少。课程设置单一，以传统说教方式灌输知识，学生自主性不高，教学与社会创业实践脱轨，导致大学生思维模式固化、知识结构单一，缺乏创新创业的创新思维和实践能力。

高校创新创业师资匮乏，结构不合理。我国高校创业教育教学内容基本上以就业指导为中心，创业指导老师主要以学校学生工作处老师为主，高校创新创业教师队伍普遍缺乏创业经历，注重理论教学，难免出现照本宣科现象。创新创业教育师资队伍建设，除了高校教师外，可以邀请校外企业人员来校任教，或者是邀请接受过创业培训教育的专业人才。对于现有创新创业教育师资组成应该优化组合，以改变师资匮乏的现状。

## （三）校企合作机制不完善

目前国内高校与企业合作方式较为单一，大多以应邀出席企业家、创业家座谈会，拉赞助，校招会等方式进行合作。合作方式较为简单，缺乏有效的合作机制。而这种过于单一的合作方式则会导致大学生创新创业实践难以以企业为依托。

高校与企业合作主要目的基本是解决学生毕业前的实习工作，企业则是解决内部人力资源需求，这样的合作并未充分调动企业培养学生的积极性，校企育人制度没有落实，企业所拥有的社会资源和经验，不能真正用于培养学生创新创业能力，校企合作机制存在较大缺陷。

## （四）大学生创业政策支持保障机制乏力

高校大学生创业面临许多现实难题，需要资金、政策、技术等方面的支持。目前，我国已经出台了许多促进大学生创业的政策，如降低企业注册资本门槛、提供创业鼓励资金、减免相关税收费用等。但由于相关部门、高校在贯彻落实政策过程中的缺位，导致创业政策不能及时有效地宣传到位，并出现职权缺失、相互推诿等现象，使得学生创业政策支持保障机制乏力，创业大学生无法获得到国家政策支持，使得政策效果大打折扣。

## 二、大学生创新创业体系建设

### （一）创新创业课堂教学建设

重视高校创新创业课堂教学，提高教学质量。高校创业课堂是学生了解创业知识的第一课堂，是培养学生良好创业价值观的重要环节，高校应注重培养大学生正确的创业动机和创业价值观。坚持以创业素质、创业精神、创业价值观培养为中心，让学生在创业认知、心理和价值观层面为创新创业打下坚实的基础。

高校应顺应社会发展的趋势，规划并设计完善的创业教育体系，在良好的创新创业氛围下，制订适应社会发展要求的大学生创新创业计划。不断加强创新创业教育师资与教育团队的建设，增强师资力量，并不断鼓励并推动高校教师担任大学生创新创业实践训练导师，同时，聘请创业企业家担任大学生创新创业实践教育导师，以此打造一个专兼结合、高质量的双创导师团队。

同时，高校课堂教育不能局限于线下课程教育，应采用线上线下相结合的方式进行，合理利用互联网资源，利用专业、高质量的创业视频引导大学生进行创业知识学习，更好地帮助大学生进行创业形势分析、政策解读，树立良好、正确的创业价值观。

开展创业知识讲座，开阔视野。创业知识讲座有利于丰富大学生创业知识，开阔视野。在创业课程中，高校应定期邀请企业、科研院校、政府部门的专家学者来校讲学，充分发挥其创业、管理、政策等方面的优势，通过对创业基础知识的讲解、案例的分析、时事政策的解读，以及对当前创业环境的剖析，积极引导学生思考，启迪其思想，开拓其视野。

构建校企合作模式，合作共赢。高校可以通过与企业合作，为大学生在企业规范管理、市场运营、营销渠道等方面提供指导与支持，为大学生的创业演练提供帮助，丰富创业教育课程体系。定期组织学生走访企业，并为大学生讲授创业企业当前的行业背景、业内实务等内容，讲解创业过程中遇到的法律、工商、税务、项目管理等问题，使学生增加对创业各环节的感性认识，提高大学生对创业各个环节和关键点的把握能力。

同时，高校可以通过引入企业文化资源营造校园的创业文化。并以企业家进校园活动为载体，逐步开展企业家论坛、创业沙盘、创业沙龙等创新创业系列活动。在活动中，让学生认识现代企业的运营管理模式，了解企业的发展历程，体验企业文化与发展理念。

### （二）创新创业模拟实训建设

构建创业模拟系统，培养学生创业实训能力。完善的创业模拟系统是提升大学生创业实训能力的重要一环。高校应引进创业模拟培训系统，建设创业项目孵化基地、实践基地、大学生创业园、大学生创新创业训练中心等载体，为学生提供创业实践场所。在创业模拟系统中，以初创公司模拟经营为项目载体，实行项目负责制。学生通过系统对项目进行运营，逐步实施初创公司的一系列业务活动。使大学生在创业项目实训过程中，学习并了解企业的运营系统，认识创业企业的经营目标和经营方针，体验战略选择和经营业绩之间的关系，培养创业者洞察市场、合理理性的决策能力。同时，学生也可以在实训过程中，提高团队交流能力，帮助学生树立全局观，突破各部门之间的分割限制，增强学生的抗挫抗压能力，培养协作精神，提升创业实训能力。

开展创新创业比赛活动，提高学生的创新创业能力。创新创业大赛是提高大学生创新实践能力的有效途径，也是"产学研"应用的平台。在比赛过程中，大学生只有充分理解初创公司项目的实施过程，明确自身项目的核心技术以及核心竞争力，通过创业团队的精诚合作，充分发挥出团队成员的特长，才能在比赛中脱颖而出。因此，以创新创业大赛作为大学生的创新创业实践活动的载体，有利于增强团队协作精神，培养学生的创业兴趣，调动学生的主动性、积极性，激发学生的创新思维和创新意识。

健全创业实训管理制度，提高学生实训的整体效率。构建创新创业管理制度，以完善高校创新创业教育体系，有利于培养学生的创新思维和实践能力。高校应通过科学的教学方式和教学手段，增强学生各方面的能力；制定合理的项目考核制度，明确大学生创新创业管理体系中所规定的权利与义务。

在健全创业实训管理制度的同时，也应考虑高校各职能部门的具体分工，以达到科学管理的目的，提高学生创业实训的整体效率。

## （三）创业服务平台建设

构建创业服务平台，为大学生创业提供便捷。在大众创业、万众创新背景下，大学生创业已常态化。为了更好地帮助大学生进行实战创业，政府与高校应积极构建创业服务平台，为大学生创业提供便利，为新时代的大学生创业提供强实战、全方位、系统化、全生态的创业综合服务。政府应鼓励高校与平台软件开发者合作，以大学生创业需求为基础，为大学生初创企业提供多层次的创业服务，打造一个集服务式、平台式与轻资产模式为一体的创业服务平台。

创业服务平台可以集视频教学、创业服务于一体，以创业大学生为中心，以提供创业具体操作服务为导向，重点打造包括公司注册、执照办理、专利申请、法务税务登记等相关服务，帮助大学生解决创业过程中可能遇到的一系列问题，提高孵化创业项目的成功率。此外，创业服务平台还能为大学生提供合伙人推荐、专利保护、行业资讯推送、专业问题咨询、融资投资对接、人才培训等相关配套服务，助力大学生实现创业梦想。

采用线上线下相结合的模式，提高创业成功率。创业服务实战平台采用线上线下双轨运营模式。在线上，为大学生创业者、企业家、投资人、创业导师和专项人才提供创业知识与资源共享、创业各项咨询服务的交互平台。在线下，创业服务平台可以聚集一批优秀的创业者、企业家、投资人，打造新领袖社群。在增加创业者黏度的同时，为创业者全程赋能。为大学生创业提供创业辅导、初创公司业务办理、项目策划、商业模式创新、运营能力创新、盈利模式创新、渠道招商创新等基础服务，也包括成长型企业的战略重构、企业变革及资本运作等一系列高端服务，以帮助大学生提高创业成功率，为大学生创业保驾护航。

从理论课程、模拟实训到投入实战都应合理有效地利用高校、企业、社会的资源，只有建设完善的创新创业教育体系，才能为大学生创业保驾护航，系统化地解决大学生在创业学习、实操应用与创业咨询过程中遇到的难题，帮助大学生正式开启创业项目的实施。

帮助大学生在模拟创业实战训练中解决创业疑难，更清晰地了解企业运营流程，更系统地完善创业项目，提前执行并适应创业操作事项，确保大学生在了解创业、尝试创业、深入创业中不断培养创业思维，在理论学习与实战学习相结合的创业咨询平台中创造个人的真正创业成果。通过企业专业人士的项目反馈意见不断改善创业方案，让学生在模拟实践中不断检验项目的可行性，以饱满的热情踏上创业征程，实现创业理想。

# 第四节　5G 时代的大学生创新创业教育

5G 指第五代移动通信技术，是在 4G 的基础上发展起来的多种新型无线接入技术的总称。5G 技术具有频谱利用率高、网络兼容性好、系统性能高效等优点，能为我们带来高容量、高速率、低延迟、低功耗、超可靠的移动数据体验，可以应对比 4G 远为复杂的应用场景。5G 时代的来临，不仅为各个行业的转型和升级提供关键重要保障，促进物联网、工业自动化、无人驾驶、人工智能等领域的创新发展，而且将支撑起许多新科技的商业化运用。在此背景下，5G 时代势必会带来新一轮的创新创业机遇。高校作为大学生进行创新创业活动的重要基地，只有积极探索与时俱进的创新创业教育模式，解决创新创业过程中遇到的问题，优化学生的知识结构，才能培养出适应创新型国家建设需要的高水平创新人才。

## 一、5G 技术对于创新创业教育的重要意义

5G 作为新一代移动通信技术的发展方向，将以全新的网络架构，提供至少十倍于 4G 的峰值速率、毫秒级的传输时延和千亿级的连接能力，将在提升移动互联网用户体验的基础上，进一步满足未来物联网应用的海量需求，最终实现"信息随心至，万物触手及"的总体愿景。同时，5G 技术与工业、医疗、交通、教育等行业深度融合，将促使众多垂直行业跨行业、跨领域交融，将诞生各种新型业务，出现各种社会分工，创建各种高级行业，产生新型商业模式和技术创新，而这些创新将成为今后新价值的增长点，成为国家经济发

展的原动力。因此 5G 将为各种创新应用的发展奠定技术基础，将能促进人类社会高度发展，充分满足人们对数字化生活、数字化社会与数字化工业的需求。基于 5G 的突出优势，首先会在创新业务应用上全面爆发，这对于大学生创新创业来说，将迎来更大的市场空间和发展空间。

## 二、5G 时代大学生创新创业现状

"大众创业，万众创新"，强调的就是创新创业对经济发展的强大推动作用。政府也在政策制定方面为创新创业提供金融支持、税收支持、技术创新支持、创新创业教育支持、创新创业基础设施支持和行政支持等；在企业方面，成功的企业家经常以讲座、校友会等形式，给大学生输送新观点，传递新知识，宣传新经济时代的价值观，引导大学生开阔视野、创新思维，是对高校创新创业教育的有益补充，而且有些企业支持大学生创业，并且会以资金、场地、服务等形式为新企业提供资助，并与新企业成立合作关系；在高校层面，《创业教育》被教育部作为必修课纳入高校课程体系，在国家有关部门和地方政府的积极引导下，各高校结合自身特点，进行了有益的探索与实践形成了多种创新创业教育类型，分阶段分层次地对大学生进行创新思维培养和创业能力锻炼。此外，各高校积极组织学生参加"互联网 +"创新创业大赛，使大学生的创业意识和创业素养得到全面的提升。

## 三、5G 时代大学生创新创业问题分析

由中国人民大学、北京师范大学、上海交通大学等 30 余家高校、企业和社会组织联合跟踪调查的《2017 年中国大学生创业报告》显示，虽然大学生创业意愿高涨，大学生创业层次也在不断提升，但大学生创业制约因素依旧明显，资金缺乏和经验不足仍然是最主要的障碍；工学、管理学和经济学专业的大学生对创新创业感兴趣的人数比例最高，农学、医学、艺术学专业的大学生对创新创业缺乏热情；餐饮、农业、信息技术、运输、教育、文化等行业仍是大学生创业的主要领域。此外，报告表明目前只有 54% 的高校对创业教育满意度实施了跟踪调查，其他高校并没有重视和实施创新创业课程的改进流程。分析问题原因主要有以下五点内容。

第一，政府、高校对 5G 时代势必会带来新一轮的创新创业机遇认识不足，导致大学生创新创业的扶持政策不完善，配套设施不完备，使大学生创新创业者因为种种原因未能享受优惠政策而导致资金缺乏，或因为配套服务滞后、缺乏创新创业实习基地或孵化基地建设不健全，使得学生很难获得有关创业企业的实际经营和管理经验。

第二，5G 时代下的创新创业教育体系不完善。首先，创新创业教育课程体系不完善，同 5G 时代背景及专业前沿课程融合程度不够，导致学生视野不够开阔，创新创业缺乏新意，模式单一趋同。其次，创新创业教育师资队伍不完善，教师普遍缺乏创新意识和能力，对 5G 时代即将到来缺乏敏锐感知，讲课多从书本知识出发，很难打破学科间的壁垒，难

以满足大学生对创新创业知识的需求。

第三，创新创业教育实践体系不健全，缺乏5G时代创新创业的训练环境，或是缺乏有效的管理制度导致实践活动资源利用率不高。

第四，对创新创业的支持有待加强。新技术的研发需要投入大量的人力、物力和财力，这对刚进入社会的大学生创新创业者而言，无疑是一个严峻的考验。

第五，政校企的合作与衔接程度有待加强。5G时代，不管是商业模式的变革，还是技术的创新都是"摸着石头过河"，缺少成功模式的借鉴，年轻的大学生创新创业活动更是如此。

## 四、5G时代大学生创新创业教育研究探讨

针对大学生创新创业存在问题的分析，应从以下四个方面进行改进。

第一，政府层面加强政策宣传、资金投入。利用宣传栏、电视和高校官网对政府公布的创新创业政策进行宣传，还可利用5G宣传技术的多种形式和渠道，扩大宣传范围，提高宣传效率，营造良好的创新创业氛围，增强学生参与创新创业的积极性。此外，加大5G基础设施建设和创新创业资金的投入力度。

第二，学生层面提升意识、提高能力。首先，可以通过学习创新创业基础课程增加关于创新创业的理论知识，通过学习创新创业实践课程增强创新创业实践能力。其次，通过学习专业前沿知识掌握5G时代下的前沿动态，为创新创业储备创新技术力量。最后，通过政校企合作平台了解创新创业政策，到企业参观学习，借助平台与志同道合的同学进行交流和合作，培养自身的创新创业能力。

第三，高校层面健全5G时代下的创新创业教育体系。5G时代，高校应紧跟时代步伐，不断更新和完善教育体系。一是优化课程机构，适应5G时代创新创业需求；二是利用5G技术，加强创新创业师资队伍建设；三是完善创新创业组织结构；四是利用5G技术，完善创新创业实践平台建设；五是加强校内创新创业文化建设。

第四，社会层面鼓励社会支持创新创业。一是加强创新创业理念引导，对5G时代的创新创业机遇有正确的认识；二是营造鼓励创新创业氛围，发挥榜样的引领作用；三是加强社会基金的支持。

# 第五节　项目驱动下的大学生创新创业教育

随着社会的发展，大学生的人数在逐渐增加，大学也在不断地进行扩招，但是当大学生毕业以后，往往会出现高不成低不就的就业心理，从而造成就业困难的现象发生。而创业则是缓解就业困难的方法之一，本节从多角度进行探讨，对项目驱动下的大学生创新创

业教育进行分析，希望可以对我国大学生创新创业教育提供有用的建议。

为了提升我国大学生的就业率，促进大学生进行创新创业，国家专门设立了大学生就业资金，很多高校也增设了关于创业方面的课程，但是相关的项目还不完善，还需进一步的改进。高校应该重视基于项目驱动的大学生创新创业教育，从而提高大学生的就业率，解决大学生就业难的问题。

## 一、构建完整的创新创业教育培育体系

国家需要提升改进速度，督促高校及时调整创新创业教育培育体系，使之可以跟上时代的脚步、社会的需求。国家实施创新驱动发展的变革，解决社会就业困难问题，提升创业率，促进高校创业项目的质量提升，以及提高完善项目的效率，保证学习的内容可以跟上不断变化的社会需求，这是支持国家发展工作的重要途径。大学毕业生开始工作，是促进高等教育改革多样性的一个渠道。高校如果对大学生进行创新创业教育的培养，在政府支持下，高校创新创业学习活动的开展将顺利进行，在此基础上要高校遵循夯实基础的教学规律，对大学生进行耐心的教导。重视培训，为创业学习创造良好的环境，拥有全新的健全体系，创造一个循环体系，根据构建出的创新创业教育生态系统，多元化发展，让学生注重社会需求变化和创业教育体系中的生态培育，培养高校优秀的创新创业学生，缓解社会就业压力。高校作为构建完整的创新创业教育培育体系，是参与者也是促进者，该体系是高校教育中创新创业生态系统的重要环节，该体系创造的环境氛围为创新创业体系枢纽起到了重要作用，是外部环境市政府的支持、投资资金富裕、社会舆论支持等一系列外界条件相互协调而建立而成的，这些外在环境为大学毕业生创业的思想和宗旨提供了无限的帮助。创新创业的立足点在学生身上，学生得到了创新理念，并有勇气获得创新实践，可以说是高校教育起到了积极的影响，获得了良好的效果。同时，每个学生获得家庭的支持，也是对学生获得创新实践的坚强后盾。

## 二、依托有效的课程载体

大学的四项主要责任：培训、研究、服务以及文化。其中，培训人员是学院的本质，也是高校体现作用的重要性所在。培养人才，是创建大学的根本目的。创新教育可以在课程中运用，建立和完善创新创业培训课程体系，建立创新教育和创业课程专家网络延伸监测，建设完整、合理的培训机制。创新创业教育系统的课程主要由三个层面组成：第一层，面向所有学生，旨在提高学生的社会认知，激发学生的创业热情；第二层次，挑选有潜力的学生进行更深层次的培训，使他们的目光更为长远，为社会输送更有创意、更有动力的人才，努力提高他们的基本技能、专业技能；第三层次，学生学习关于创业的课程应结合一些简单的活动、项目进行实践运用，培训与实践相辅相成，加强对创业学生的指导。

## 三、开展创新创业教育实践

高校学生教育理念和创新创业相关课程必须转化为实践，前提是需要依靠有效的课程材料。材料的特点是创业创新培训的关键。只有把高校创新创业教育作为推动社会经济发展的根本需求，从多方面进行改革和提升。

进行创新创业的大学生应将学校学到的知识与工作结合起来，这样才有利于学生的成长，更好地在职场生涯发挥自己的作用，在实践过程中，启发一切关于学习技术的运用。这意味着，学生在课堂上、在互联网上进行学习，将两者紧密相连，随着社会的不断进步，不学习的学生就会被社会所淘汰，止步不前也等于退步。很多学生认为创新创业对他们来说是不切实际的，但是创新创业教育建设对大学生来说并不是徒劳的，是很多社会技能的知识整合，依靠现有的资源进行处理，整合出适合大学生的知识技能，包括一些经济方面的常识，系统地对学生的知识体系进行完善。学校可以建立创新创业的知识交流平台，免费开放，支持教师与学生进行沟通，学生在学习时，与互联网相结合，可以拓宽知识面，开阔他们的视野，同时还可以随时了解时代的变化情况；学生与教师进行沟通，可以提升对知识的理解程度，同时教师的社会经验也可以告诉学生，丰富学生的人生经历。由此可见，高校提供的知识交流平台是有利于学生进行创新创业知识与技能学习的。

## 四、转变教育理念

目前很多高校虽然重视创业这一项目的课程教授，但往往还是注重教师对知识的讲授，并没有深刻意识到创业的重要性。很多学生在毕业以后就业困难、创业失败都是因为在学校时，教师对创新创业知识的教育重点有所偏差造成的。很多教师的教育理念比较守旧，认为进行创业教育就是让学生进行社会实践，从而让学生去某些公司进行实习，认为这样就能教授学生社会经验与工作技能。但其实事实并非如此，职场新人所经历的事情虽然在一定程度上会增强学生的社会实践能力，但很多社会深层次的道理学生是接触不到的。而在学生创业的过程中，往往是需要这些更深层面的经验来帮助他们进行创业的。由此可见，作为高校的教师，应转变教育理念，在重视学生社会实践的同时，更要对实践内容进行重点关注，帮助学生在短时间内可以迅速成长起来，让更多想创业的学生，在创业的道路上更加顺利。比如，教师在设计创业教育方案时，为了加强学生的法律知识，让学生对企业应该负担的法律责任进行了解。很多在企业实习的大学生，刚步入职场是不会接触到法律层面的内容的，所以他们在创业过程中，很有可能忽略法律相关的注意事项。但是教师社会经验丰富，想得更加深远，从经济角度与法律角度，让学生丰富自己的视野，从而遇到事情，考虑得更加全面。教师在进行创新创业教学过程中，要重视学生的主动性，以提升他们的创业意识与创新精神，要引导学生对知识进行探索，注重探索精神。在职场中，专业技能是评判一个人的标准，但也十分注重这个人的品格是否优秀，教师在进行课程教授时也应注意，也要全方位的提高学生的综合素养，如专业知识技能、职业道德素养等等。

## 五、突出学生爱好

大学生在选择创业项目时，肯定会选择适合自己的，并且自己感兴趣、所热爱的。符合学生爱好的创业项目，会提高学生的创业积极性。创业课程与传统学科的不同点在于创业最看重的就是学生的主动性。学生在创业课程中，占有主要的地位。但是学校在开展不同的创业项目课程时，要避免出现授课内容与实际发生不相符，类似于不切实际的创业案例、想法，教师在教授过程中要尽量避免，防止学生出现创业简单、容易的想法。学校为了鼓励学生进行创新创业，激发学生的兴趣，可以开展关于创新、创业类型的比赛。比如，可以进行创业研究论文比赛，选出最有创新想法的论文，进行嘉奖与鼓励，并且督促其他学生进行学习，比赛的奖项要分很多种类，从多角度对不同类型的论文进行挖掘，使鼓励学生的范围也随之增大。还可以进行发明比赛，让学生发挥想象力，制作出一些符合当前社会需求的小发明，如"懒人风扇""太阳能充电器"等等。这种方式方法远比教师讲授知识更能起到作用。

## 六、提升教师队伍整体素质

在学生进行创新创业课程的学习过程中，教师起到了很大的作用。因此，高校的教师团队的素质要整体地进行提升，才能让学生的创业综合素质更上一个档次。优秀的教师可以为学生营造出一个良好的学习氛围，并且可以引导、督促学生进行学习，在创新创业方面，教师的言传身教可以帮助学生在以后面对创业困难时，更加沉稳，更加有耐心，解决问题也更加得心应手。

高校对于提升教师队伍整体素质，应给予最大的支持。高校对在职教师不定期进行培训、考核，不仅可以对教师的职业技能进行督促，对学生也有极大的帮助，关于对学生的授课，还可以定期邀请企业家、专业讲师来学校进行演讲。在职教师的职场经历很可能局限于学校，但是企业家和专业讲师经历的事情就十分广泛了，内容十分丰富，当他们将这些经历讲述给学生时，这些内容对学生来说会是一笔宝贵的财富。甚至可以邀请企业家与讲师参加学校的相关创业项目，通过近距离接触以及实践过程中经历的具体事项，让学生更进一步地对创新创业进行了解。

目前社会的发展速度越来越快，需要大学生在毕业以后迅速融入社会职场，作为高校，应以项目驱动为基准，为学生提供一个良好的创业氛围，为学生的以后负责，帮助他们以后更快地适应职场生活，达到社会的需求，高校应创建符合学生实践和社会发展的创业教育课程，并定期举行相关活动，动员学生参加创业项目，感受创新创业的过程。

# 第六节　大学生创新创业教育"链式"机制

随着国家创新驱动战略的提出，大学生创新创业教育成为高校创新人才培养的重要环节。本节首先阐述大学生创新创业教育发展现状，依据大学生成长成才规律要求，提出构建创新型人才培养的"链式"机制，分析"链式"机制实践的保障，总结实施"链式"机制对大学生创新创业教育的现实意义。

习近平总书记强调：创新是社会进步的灵魂，创业是推动经济社会发展、改善民生的重要途径。在"大众创新、万众创业"的新形势下，高校在国家创新体系发展中占据重要地位。为培养综合素质较高的创新型人才，高校应不断探索创新创业人才培养体系，加大创新创业教育力度，促使学生创新精神和技能的高质量升华，从而进一步提升大学生核心竞争力。

## 一、大学生创新创业教育发展现状

### （一）专业知识与创新创业的融合有待加强

李克强总理指出：政府要创造良好环境，保持创新创业的热情持久不衰。国家层面要重视对创新创业理念的引导，高校层面更应该将这种理念贯穿教育教学的全过程。高校开展诸如创新创业竞赛、成立创客空间、举办沙龙论坛等各种各样的创新创业活动，为大学生创新创业教育的发展提供坚实有力的实践平台，使很多大学生对创新创业项目活动都有一定的理解和认识，也想在大学学习期间展现自己的创新能力，但对于如何将专业知识与创新创业活动相互融合，利用专业知识解决实际问题并改进方式方法的能力，还需要学校和教师的精心引导和教育。自主创新、创业的现状不尽如人意，创业成功率不高、创新成果转化率低、创业技能存在短板。大学生创新创业教育必须摆脱固有的传统教育模式，要重视学生理论联系实际的能力，激发创新意识的同时，要为学生创新能力的培养提供优良环境。

### （二）大学生创新创业意愿有待提升

随着全社会创新创业的氛围日益浓厚，"双创"日渐成为广大青年学生的一种时代追求，大学生创新创业意愿不断增强。但通过调查发现，大学生中还存在着传统就业观的思想，对自主创业这种不算稳定收入的工作依然持有抵触的旧观念，创业是在自己找不到稳定工作之后的无奈之举。

### （三）创新创业教育师资队伍有待优化

创新创业教育师资队伍肩负着培养创新型人才的重任，也是加快和稳定创新创业教育事业的智力支持。"双创教育"对教师的综合能力提出新的要求。目前，一些高校创业教师大多来自学生管理一线的辅导员队伍，或者有专任教师兼职，其创业理论知识和创业实践相对薄弱，在"双创教育"中显得力不从心。授课内容多以"通识型"的启蒙课程为主，授课方式多以理论教学为主，灵活度不高，实战性不强，未能更好地将专业知识与创新创业教育进行有机结合。

### （四）创新创业教育管理体制有待健全

目前一些高校还未形成完善的创新创业教育管理体制，在课程体系建设、专业融合等方面还有不足。对于学生的理论课程、实践活动没有形成完善的考核体系，对于教师的教学没有强有力的约束机制，故而创新创业教育的评价体系是不健全的。有些高校只设置了创业理论课程，没有实践环节的课时分配。一些高校的创客空间、创业孵化基地等经营惨淡，没有在全校形成浓郁的创新创业文化氛围。

## 二、构建创新型人才培养的"链式"机制

创新创业教育理念是新时代对高等教育提出的使命要求，高校在制定培养方案时也应将大学生创新创业和实践能力的培养融入人才培养全过程，并且将创新创业意识培养落实到教育教学各环节中。在高等教育发展规律的基础上，按照不同年级学生的发展需要，根据学生的性格特点、专业知识结构、技术能力水平，构建创新型人才培养"链式"机制，明确培养计划，启迪学生创新创业思维，提高学生创新创业能力。"链式"机制有利于启发创新意识、培养创新思维以及提升创新能力，分阶段跟踪式教育，易于掌握知识，培养能力结构体系，是一种循序渐进的创新创业教育长效机制。

### （一）大一注重创新思维启蒙教育

就大学一年级学生的认知水平和能力来看，应注重其创新创业意识的激发。养成创新创业意识，学生在后期的学习和研究中才可能主动投入时间和精力。因此，创新思维启蒙教育至关重要。为激发和训练大学生的创新思维，将创业兴趣内容巧妙地注入大学生职业生涯规划课程教学中，让学生意识到创业不是与己无关的或是低层次的就业方式，而是毕业之后的就业新途径。引导学生主动探究新事物、新方法，不定期组织讲座和报告、创业沙龙、创业论坛、科研讨论班等方式，以项目或问题为中心，引导学生科学规范地开展项目研究，培养学生的创新精神与创业技能。组建大学生创新创业训练营、创业社团，在开展活动过程中培养学生主动发现问题、思考问题的能力，进而提高解决问题的能力，激发大学生的创业兴趣和创新活力。

### （二）大二注重创新创业意识养成教育

二年级是一年级的延续和加强，大学生学习和认识事物的兴趣还比较浓厚，此阶段应结合学科技能竞赛、创业模拟培训、教师的科研课题开展创新创业意识的养成教育，以各类创新创业大赛、科技创新大赛、专业技能大赛等为契机，把全面素质发展和个性自由发

展紧密结合起来，多渠道为大学生创新创业意识的培养提供平台。

### （三）大三注重创新创业能力提升教育

三年级是在二年级养成教育的基础上开展创新能力提升教育、创新思维由概念性向创新能力过渡的重要阶段。根据学科专业特点和创新需求，将创新科学研究融入培养过程的支撑课程体系并设立相应的学分，进一步加大对创新创业训练计划项目、学科技能竞赛的组织和参与力度。学校或者二级学院不定期举办优秀创新创业项目成果展示和交流，编印创新创业案例集、优秀成果报告册等方式加强推广宣传，激发学生的参与积极性。将开展的创新创业活动融入大学生社会实践与志愿服务中，搭建校内外结合的创新创业平台，建立系统完整的实习实践体系，让学生在实践环节中识别并把握创业机会。

### （四）大四注重创新创业实践教育

作为"链式"机制重点培养阶段的大学四年级，应注重理论知识指导实践。创新创业教育理念和内容体现在大学生毕业论文（设计）中，既能对大学生创新创业能力进行检验，又能促进创新创业与专业的融合，促进专业成果转化，提高毕业论文（设计）的质量。依托校内外实习实训基地、政府的众创空间，为有创业意向的大四学生提供资金、政策、办公场地、资源共享空间等。聘请创业导师、技术顾问，为大学生提供法律、税务、工商等方面的指导或咨询服务，帮助创业团队健康成长。高校应帮助学生搭建与社会资源对接的平台，促使创新成果的有效转化。

## 三、"链式"机制实践的保障

### （一）完善创新创业教育制度体系

高校应建立创新创业教育的长效体系，采取有效措施培育创新创业的文化氛围，提高师生的参与积极性。科学规划创新创业教育专项资金投入，提供大学生创新创业一站式指导服务，保障大学生创新创业教育"链式"机制顺利开展。为鼓励和表彰具有创新创业意识和能力的学生，激发和引领其他学生的创新意识，设立创新创业专项奖学金。专业任课教师指导学生创新创业工作量计入年度工作量考核，创新创业竞赛获奖可以获得教学考核加分和获得相应的奖励，以此来调动教师参与"链式"机制的主动性和积极性。建立创新训练工作室、创新创业训练营，积极构建以创业教育为基础、以创新创业训练为抓手、以校园众创空间为平台的创新创业模式。

### （二）完善师资队伍保障机制

建设一支高素质、多元化、专兼职的创新创业教育师资队伍，包括校内和校外师资队伍。积极组织教师参加高水平、高规格的创新创业教育培训，并邀请业内专家进校、进课堂开展专题讲座，以此开拓教师获得创新创业知识的途径。高校制订长期的师资培训计划，分批遴选相关教师参加创业进修培训，逐步提升创新创业教师队伍的理论水平和专业技能。

聘请成功创业者、工商税务金融等领域的专业人士组成创业导师团，指导大学生创业实践，逐步建立和完善校内外指导教师专家库。

### （三）拓展外部支持力量

大学生创新创业教育获得长足发展，需要得到多方力量的支持和保证，如高校、政府、企业、科研院所等，形成多方建设、共同发展的良好局面。以"校地校企合作"为助推，拓展外部资源的广泛支持。尤其要与当地政府的相关行业部门加强交流和合作，积极争取创新创业发展环境优惠政策，形成学校、政府、社会三位一体的创新创业教育联动机制。可以通过"请进来"和"走出去"两种方式来保证支持体系的实现，"请进来"即邀请具有经验丰富的创新创业政府或企业人员进校讲座和定期授课，将社会工作中的创业知识技能融入大学理论课堂。"走出去"即组织教师、学生到具有创新创业特色文化的公司企业参观学习，取长补短，弥补自身在实践活动中的创新不足。

## 四、"链式"机制的现实意义

### （一）增强大学生创新创业意识，提升核心竞争力

大学生创新创业教育"链式"机制有效促进学生的专业学习，培养创新精神与创业技能，提升创业质量。在"链式"机制的促进下，提高学科竞赛的成效，培养与激发学生的创新思维、创业兴趣，锻炼与提升学生的创新创业能力，培养高素质综合型创新人才，提升学生的就业核心竞争力。

### （二）促进创新创业教育与专业教育的融合

"链式"机制导向下，挖掘专业教育中的创新创业元素，培养学生的创新精神和专业素质，实现创新创业教育和专业教育的有机融合。引导和鼓励学生参加与专业相关的各类学科竞赛、创新创业训练，以赛促学、以赛促创，强化专业理论知识对创新创业教育的支撑作用。通过相关创新创业课程的学习，掌握创新创业的知识和技巧，进一步促进专业课程的深化改革和质量提升。

### （三）构建创业生态链为创新人才培养提供有力保障

大学生创新创业教育"链式"机制是将一至四年级的思维启蒙教育、意识养成教育、能力提升教育、实践教育进行了有机结合，满足不同年级和学习层次水平的学生对创新创业教育的需求，充分发挥各链条主体作用，切实提升教育效果，达到了"一体化"人才培养目标。

随着国家和地方政府对创新创业项目的支持和建设，大学生和教师对双创的主动意识和热情亦日益高涨，综合能力素质在不断提升。高校应加快和完善科学规范、特色系统的创新创业教育体制，从根本上助推教育教学改革，加大创业教育软硬件方面的投入力度，培养更多符合时代要求的高素质创新创业人才。

# 参考文献

[1] 刘贵芹. 深化高校创新创业教育改革进一步提高人才培养质量 [J]. 中国高等教育，2016(21)：5-7.

[2] 姜伟. 论创业教育中教学实践化和评价的辩证统一 [J]. 中国高等教育，2017(5)：47-50.

[3] 罗朝辉. 地方转型发展高校教学专业师资队伍建设的思考 [J]. 大学教育，2016(6)：159-160.

[4] 张文娣，颜玄洲. 高校创新创业教育师资队伍建设存在的问题及对策分析 [J]. 大学（研究版），2016(6)：41-45.

[5] 刘树春. 高校创新创业教育师资建设的困境与突破 [J]. 科技创业月刊，2017(16)：63-65.

[6] 陈春晓. 地方高校创业教育师资队伍建设的困境与机制创新 [J]. 高等工程教育研究，2017(3)：170-173.

[7] 宋明顺，孙卫红，赵春鱼，等. 地方工科高校创新创业教育：困境与突破 [J]. 中国大学教学，2017(12)：31-36.

[8] 刘正安. 我国高校创业教育师资队伍建设的现实困境与应对策略 [J]. 科技创业月刊，2017(3)：71-73.

[9] 王劲岐. 高校创新创业教育师资队伍建设探析 [J]. 高教学刊，2017(24)：35-37.

[10] 李国强. 创新创业教育师资队伍建设策略探析 [J]. 黑龙江教育，2017(4)：52-54.

[11] 焦新安，胡效亚，张清，等. 地方综合性大学创新创业教育的思考与实践 [J]. 中国大学教学，2017(5)：58-63.

[12] 缪子梅. 切实加强高校校内创业教育师资队伍建设 [J]. 中国高等教育，2013(23)：32-34.

[13] 张红梅. 基于创新创业应用型人才培养的教师队伍建设 [J]. 继续教育研究，2016(4)：21-23.

[14] 高国平，钱俊. 高校创新创业教育与专业教育互动融合中的师资队伍建设思考 [J]. 科技创业月刊，2016(23)：51-52.

[15] 刘彦军. 高等教育综合改革背景下的创新创业教育模式探索 [J]. 中国高校科技，2015(9)：82-85.

[16] 张兄武，徐银香．探索构建分层递进式创业教育体系 [J]．中国高等教育，2016(19)：54-57.

[17] 黄兆信．推动我国高校创新创业教育转型发展 [J]．中国高等教育，2017(7)：45-47.

[18] 李亚奇，王涛，李辉．加强专业教师创新创业教育教学能力建设探析 [J]．创新与创业教育，2017(5)：122-125.

[19] 李亚奇，王涛，李辉，等．新形势下能源动力类专业教师队伍面临的挑战及对策研究 [J]．高等工程教育研究，2017( 增刊 I )：275-278.

[20] 鄢显俊．课堂教学能力是高校教师的首要职业能力 [J]．中国大学教学，2016(3)：71-75.

[21] 姜衍，孙潇宇，殷丹丹．浅谈高校创业双导师队伍建设 [J]．创新与创业教育，2017(5)：133-136.

[22] 朱飞．协同学视阈下的高校多元协同创业教育研究 [J]．高等工程教育研究，2016(5)：39-43.